DIGITALISSIMO

AF347301

GLAUCO BENIGNI

LA RETE TRA LIBERTÀ E CONTROLLO

DAGLI ALCHIMISTI DI NASDAQ AL CASO SNOWDEN

lettera aperta ai nativi digitali

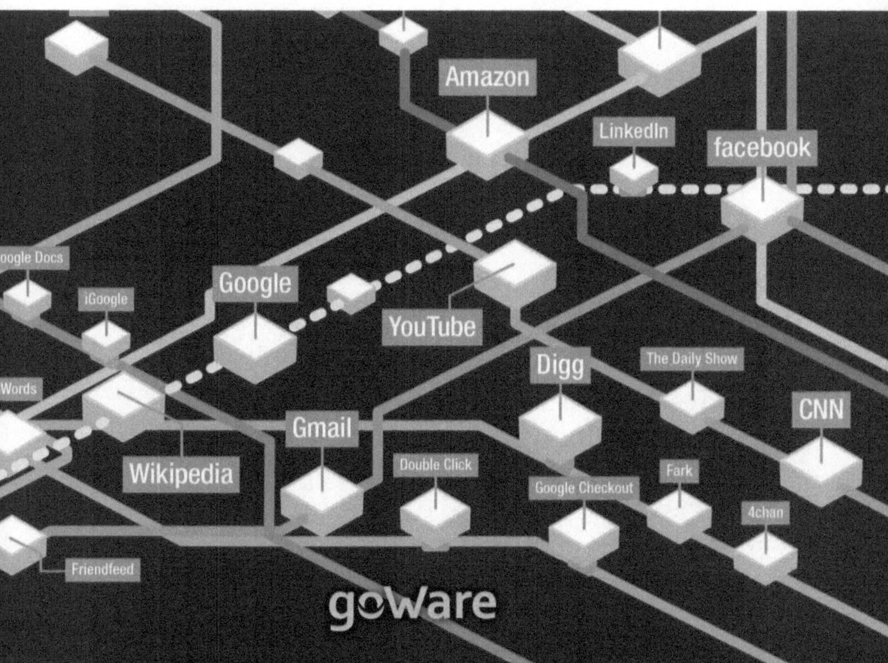

goWare

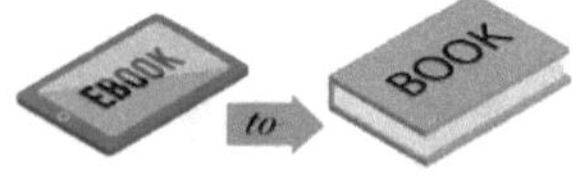

L'ebook è molto di +
Seguici su facebook, twitter, ebook extra

© goWare 2015, Firenze

ISBN 978-88-6797-389-7

Copertina: Lorenzo Puliti
Redazione: Giacomo Fontani

goWare è una startup fiorentina specializzata in digital publishing

Fateci avere i vostri commenti a: info@goware-apps.it
Blogger e giornalisti possono richiedere una copia saggio a Maria Ranieri:
mariranieri@icloud.com

Nota dell'autore

Questo libro non è stato scritto per i professionisti della Rete, né per gli accademici, e pertanto l'autore non ha voluto trattare la vasta materia in modo ortodosso. Alcune attività, cause, effetti, definizioni e pratiche sono volutamente descritte con paradossi e paragoni disinvolti, allo scopo di decodificare, per la massa dei cittadini del Web, questioni e linguaggi che altrimenti avrebbero richiesto estenuanti trattazioni.

[1]

Gli alchimisti

La novella che segue è un flashback che riguarda fatti e personaggi del decennio 1989-1999. È in quegli anni infatti che la precedente visione del mondo, con la quale si produceva valore nelle borse, subisce un'accelerazione impensabile. Quanto narrato è rimasto occulto per tanto tempo e solo recentemente – a seguito della crisi finanziaria del 2008 – alcuni analisti hanno cominciato a svelare i segreti degli alchimisti del denaro virtuale. La narrazione in forma di fiction, secondo l'Autore, è la più adeguata a dar conto di una scena in cui la voglia e la capacità di egemonia assoluta della minoranza dominante, appare talvolta disumana, ma ahinoi tragicamente simile alla realtà nella quale il mondo si trova.

Los Angeles 1989. Da anni Hiroshi Ekko non atterrava più a Los Angeles. "Città maledetta... in attesa di inabissarsi nel Pacifico" pensava, mentre osservava dall'alto la sua immensa distesa. "Fradicia metropoli sull'orlo dell'inevitabile Big One".

Hiroshi non l'amava più. Era chiaro.

Uscì intorpidito dalla pancia del grande Jumbo Jet e, dopo le formalità doganali, si ritrovò, in un luminoso mattino d'estate, al recupero bagagli, insieme a tutti gli altri arrivati da Tokyo.

«Qual è il motivo della sua visita, sir?» gli aveva chiesto una grassa, baffuta ispanica al varco passaporti.

«Vacanze» aveva risposto automaticamente, mentre lei distrattamente verificava qualcosa sul computer. Ma non era così!

Due settimane prima aveva ricevuto una telefonata da Andy Gung, un suo ex compagno della UCLA University.

«Hiroshi» gli aveva detto Andy con un tono talmente fermo che gli aveva agitato il cuore, «è giunto il momento! Sono passati vent'anni da quando Armstrong e Aldrin passeggiarono sulla Luna. Ti ricordi il nostro accordo?»

«Sì, certamente» aveva soffiato l'orientale nel microfono. «Come potrei non ricordare?»

«Bene. Dobbiamo incontrarci. Gli altri sono già stati avvertiti. Ti aspettiamo»

«Quando e dove è la riunione?»

«Ci vediamo sabato al Grafton on Sunset, West Hollywood. All'aeroporto vai alla ABC Rent, troverai una limousine con autista prenotata a tuo nome. Mi raccomando Hiroshi, devi esserci.»

«Ci sarò Andy, sta' tranquillo. Mi annoio così tanto qui.»

Era il 20 luglio 1989.

Hiroshi si accomodò sui sedili posteriori della Lincoln bianca tirata a lucido e, nel tragitto verso Sunset Boulevard, guardò la variopinta, brulicante città come se la vedesse per la prima volta. Pensò che fosse l'effetto del jet lag. Ma non era solo quello il motivo. Era veramente cambiato tutto.

Niente era più come quando, a bordo della sua vecchia Volkswagen arancione, si muoveva nella chiassosa atmosfera della fine anni Sessanta. Anche la luce, eccezionale, che rimbalzava dallo specchio dell'oceano verso le vetrate alla sommità dei grattacieli, appariva più opaca.

"*Pollution*" pensò, "hanno solo fatto finta di eliminarla...". In quelle passate stagioni della sua vita studiava economia e business administration all'università. Divideva una stanza con Andy, cercava se stesso, l'amore e la verità.

Ripensò con nostalgia ai vecchi amici, al Peace and flowers movement, ai joint di marijuana nel campus della UCLA, agli acidi presi in riva all'oceano, alle passioni del cuore e alle delusioni, ai viaggi in autostop verso il Messico con Janet. Al loro lungo straziante addio dopo il party per la laurea.

Poi era tutto cambiato. Con in tasca il suo dottorato, era tornato in Giappone, s'era sposato, aveva avuto due figli, aveva fatto carriera in una grande banca... Ma non aveva dimenticato il giuramento... e la ricerca della verità.

«Noi cambieremo il mondo» avevano giurato in coro il 20 luglio del 1969, la sera dello sbarco sulla Luna. «Tra vent'anni ci rincontreremo qui per cambiare il mondo» si erano detti lui, Andy e gli altri del loro corso di laurea. E quel momento era giunto.

L'hotel Grafton on Sunset apparve alla sua destra e Hiroshi interruppe il languido, struggente corso dei ricordi. L'edificio era l'ex hotel Park Sunset, poi restaurato con la facciata in stile spagnolo.

Alla reception il portiere gli diede una busta. Hiroshi non riuscì a trattenersi e l'aprì in ascensore. C'era una lista di nomi. Tutti vecchi amici, tutti ex laureati nel suo corso. Tutti avevano formulato con lui il giuramento... e tutti stavano arrivando, o erano già arrivati.

Ogni nome era seguito da una sigla che corrispondeva alla banca nella quale oggi lavorava il "vecchio amico"... il "fratello cosmico".

Patrick Finch da Londra; Hank De Wildt da Amsterdam; Serge Delourme da Parigi; Christian Charrue da Ginevra; Gerhard Hosfeld da Francoforte; Paul Gardner da Toronto; Keiko Kondo da Honk Kong; Ofer Uzrad da Tel Aviv. E c'erano poi tre vecchi amici che non s'erano mai mossi dagli Stati Uniti: John Gillmore da Boston; Dom Serafini da New York e Andy Gung da Los Angeles. In tutto dodici, lui compreso. Una squadra, la cui età media oscillava tra i 45 e i 47 anni. Insieme, all'università, avevano fatto di tutto in quei ruggenti anni Sessanta... di tutto, e talvolta anche di più.

Quei dodici comunque non s'erano incontrati per caso neanche vent'anni prima. Erano stati selezionati, nelle loro famiglie d'origine, sulla base di antichi, oscuri legami di appartenenza a una casta planetaria nella quale si tramandavano, di padre in figlio, conoscenze che non venivano mai discusse pubblicamente. Ognuno di loro, sin dai primi anni dell'infanzia, aveva ricevuto informazioni riservate, era stato addestrato al mantenimento del segreto e all'uso di impercettibili segnali di riconoscimento. Ognuno era stato destinato ad agire in una certa area delle attività umane, all'interno di una squadra costituita da dodici persone, tra le quali veniva nominato un indiscusso leader a vita che formulava le strategie e impartiva gli ordini.

La notte dell'allunaggio i membri della sua squadra avevano votato Andy Gung: disinvolto dandy californiano surfista, proprietario di una mustang gialla, erede della Gung Inc. assicurazioni, il quale aveva assunto la responsabilità del comando. E in tal modo gli avevano anche conferito la facoltà di rappresentarli e mantenere rapporti con altre undici squadre, simili alla loro, che agivano nel tempo e nello spazio, nella geografia e nella storia del pianeta Terra, ma in diverse aree di attività quali: geopolitica strategica, bioingegneria, farmaceutica, armamenti, conquista dello spazio, educazione, media ecc.

Ora dovevano "cambiare il mondo".

Nella quiete irreale della sua stanza insonorizzata, dopo aver dato un'occhiata al contenuto del frigo bar, Hiroshi tentò alcuni antichi esercizi di rilassamento, volti a raggiungere il vuoto mentale. Respirò a lungo in maniera ordinata fissando un punto immaginario al centro di una parete bianca, cercò di cogliere con attenzione quella minima sensazione di attrito con le narici che provoca l'aria quando viene inalata consapevolmente, ma non riuscì a trovare il necessario distacco dall'ansia. La sentiva incombere sulla totalità del suo essere e percepiva quell'appuntamento come tragico, ineluttabile. Alcuni dei suoi neuroni continuavano a vibrare sospettosi. La sudorazione delle mani, nonostante le pratiche di relax, rimaneva eccessiva e i muscoli del collo erano tesi. "Il jet lag" pensò, immediatamente prima di cadere in un agitato brevissimo sonno.

Quella sera, in una sala riservata del Grafton ci fu una cena memorabile. Ostriche, champagne, caviale iraniano, aragoste, risotto al tartufo, vino rosso californiano, sorbetti al Grand Marnier, whisky, vodka, grappa, ananas, mango e papaya. Caffè, tè, infusi. Sigari e cocaina.

La polvere bianca, portata da Dom Serafini, grasso delfino di una potente famiglia mafiosa, apparve prima discretamente, in bagno. E poi direttamente sui piatti da dessert. Gerhard Hosfeld si divertì a stendere lunghe linee su una fiamminga d'argento, evocando quegli anni Trenta durante i quali suo nonno la raffinava nei laboratori della Bayer per i vertici del Reich e i gerarchi d'Italia.

«Quella sì che era roba buona, mica questa merda colombiana tagliata dai messicani» borbottava badando di non farsi sentire da Dom. «La mia famiglia ha sempre tirato il meglio... "Tanta e buona" era il motto. Lo facevano dovunque, a teatro, al ristorante, perfino a messa prima della comunione... Era legale. Non faceva alcun male... anzi.»

Baci, pacche sulle spalle, abbracci, frizzi e lazzi. Barzellette sulla regina d'Inghilterra, il papa, il presidente degli Stati Uniti, Fidel Castro e la Banda dei quattro, Lech Walesa e Gorbaciov. Fotografie di matrimoni e mogli, ex mogli, amanti, figli, figlie e un paio di nipotini in fasce.

«Ma dai! A 47 anni già nonno?»

«Certo, meglio così. Una vera dinastia ha bisogno di sangue fresco.»

Racconti sui divorzi. Fotografie di safari, campi di golf, regate oceaniche, automobili, jet personali, case nel verde e in montagna, interni di case di città. Storie di investimenti e rendimenti, profitti e percentuali... molti numeri. Rialzi, ribassi. Bilanci truccati, società off shore, paradisi fiscali. Multinazionali finanziarie, banche d'affari, venture capital, libera circolazione di qualsiasi merce, cenni sulla globalizzazione e la rivoluzione digitale. Microchip, cavi transoceanici e satelliti geostazionari. Cravatte, belle scarpe, sarti da consigliare, studi legali e dentisti da evitare. Questi gli argomenti della festa. Un trionfo di passato prossimo fortunato. Un po' di "com'eravamo", molto "come siamo" e "come saremo". Affanculo il Vietnam e Che Guevara, le minoranze, le maggioranze e le diversità culturali: sta per finire la Guerra fredda, bisogna "normalizzare i mercati", conquistare share nei settori strategici, esportare democrazia.

«Quale democrazia?»

«Ma la nostra, ovviamente!».

A un certo punto Andy Gung si levò in piedi: «Ragazzi!» esordì con un bicchiere di Calvados in mano, mentre Keiko chiedeva l'attenzione facendo tintinnare un cucchiaino contro una bottiglia. Lentamente il brusio del chiacchiericcio si chetò. «Ragazzi!» ripeté Andy ottenendo il silenzio. Seguì una lenta commossa pausa durante la quale Richard starnutì, Serge tossicchiò e Dom si aggiustò sulla sedia facendola scricchiolare sotto il peso dei suoi 120 chili. «Perché noi siamo ancora gli stessi ragazzi di sempre... nooo? Gli stessi che giurarono vent'anni fa di cambiare il mondo... o no?»

«Sììì!» gli risposero in coro. «Noi cambieremo il mondo!»

«Bene» riprese Andy, «molto bene. Grazie per essere venuti, vedo che ci siamo ancora tutti e che siamo in buona salute, per cui veniamo subito al sodo. È inutile spiegarvi per chi lavoreremo. Noi siamo, come sempre, al servizio della storia. La storia non è la realizzazione di un'idea politica, non è il trionfo del bene o del male, di una visione economica o di un'altra, di un'interpretazione teologica o religiosa migliore di un'altra. La storia è la verifica dell'inevitabile» scandì queste parole con grande solennità. «Una verifica che si effettua al di là del binomio morale-immorale. Una verifica che necessita di azioni amorali. Noi non c'eravamo incontrati per caso, non c'eravamo uniti per caso, non abbiamo giurato per caso di cambiare il mondo. Noi» inspirò profondamente, «noi, semplicemente *lo dobbiamo fare*. Noi non siamo migliori degli altri, ma non abbiamo bisogno del loro consenso. Noi siamo l'effetto della causa originaria, noi rispondiamo alla nostra natura profonda, noi assecondiamo il nostro DNA... I musicisti hanno a disposizione le note, i pittori i colori, gli scrittori le parole, i fisici e i chimici la materia inorganica, i biogenetici la materia organica, i militari dispongono delle armi, i politici impastano e rimpastano le norme, e così via. Bene» continuò schiarendosi la voce, «ognuno di noi occupa oggi una posizione di grande prestigio in una banca che svolge operazioni su scala mondiale, noi dunque abbiamo a disposizione il denaro... e quindi ciò che esso ha da sempre rappresentato: il valore di scambio e la facoltà di fare i prezzi.»

Dopo quest'ultima affermazione Andy fece un'altra pausa, stirò le mascelle e mosse la testa in tondo come se avesse bisogno di sgranchire i muscoli del collo. E certamente ne aveva bisogno.

Si era preparato a questo incontro meticolosamente, per mesi e mesi. Si era allenato di fronte allo specchio e di fronte alla videocamera. Aveva ascoltato e riascoltato le sue parole registrate, mettendo a punto i toni e le pause. Ora doveva, fortemente doveva gestire la leadership. Doveva convincerli e metterli al lavoro per raggiungere gli obiettivi che aveva concordato con gli altri undici capisquadra.

Il suo sguardo, molto lentamente, disegnando un ovale immaginario nell'aria, incontrò lo sguardo degli altri vecchi compagni di corso. I suoi occhi ispezionarono per un microsecondo le pupille di ognuno alla ricerca di una muta verifica. Quando si ritenne soddisfatto continuò, passando da un tono trionfalistico a uno più pacato e realistico.

«Sì, lo so, quel denaro non è nostro, bisogna fare i conti con i consigli d'amministrazione, con gli azionisti, con i collegi dei revisori eccetera. Ma... intanto, molti di noi hanno facoltà di utilizzare questo denaro, di indirizzare gli investimenti, di suggerire opportunità. Insomma fratelli, noi possiamo far suonare il denaro, far sparare il denaro, possiamo trasformarlo in potere politico, cibo, acqua potabile, vestiti, case, energia, medicinali, felicità o infelicità. Noi, grazie al denaro, possiamo cambiare il mondo. Soprattutto, **noi con il denaro possiamo creare il denaro**. Dimenticate tutte le stronzate sul denaro "solido": i giacimenti aurei, le materie prime, il prodotto interno lordo, la massa monetaria, la svalutazione... Dimenticate le frontiere del denaro, l'oscillazione delle valute, dimenticate il valore d'uso del denaro e immaginate *solo* il suo straordinario, magnifico, ineguagliabile valore di scambio. Immaginate che da una massa iniziale di denaro, alla quale si conferisca un potenziale illimitato, scaturisca quasi per magia, per una sollecitazione alchemica, un enorme valore di scambio. Immaginate un big bang finanziario.»

Ancora una volta tornò a ispezionare gli occhi dei suoi ascoltatori. Si ritenne soddisfatto. Poi concluse.

«Tutto ciò è possibile. Ognuno di voi troverà nella sua camera un dossier nel quale è dettagliatamente spiegato il processo di cui stiamo parlando. Ma ora basta, oggi è un giorno di festa, basta con il lavoro. Domani sera ci incontreremo qui di nuovo e ognuno di voi, dopo aver studiato il dossier, fornirà i suoi commenti.»

Ciò detto, Andy fece un cenno a John Gillmore, che si spostò velocemente verso una porta e l'aprì con gesto plateale. Entrarono dodici ragazze vistosamente *made up* e molto più discinte che abbigliate. Le luci si abbassarono nella sala e dagli altoparlanti cominciò a diffondersi una musica soft, soft lounge. Ogni ragazza aveva un cartoncino fissato al seno sul quale era impresso, a caratteri dorati, un nome: quello del partner che le era stato assegnato. Nessuno ebbe modo di fare domande su quanto Andy aveva accennato.

Quella notte, Hiroshi andò a letto per primo, aveva rinunciato alla compagnia della ragazza destinata a lui e l'aveva ceduta a Christian che ne voleva avere due. L'orientale era più pensoso del solito. Non poteva dimenticare una frase di Andy che gli era rimasta in testa e sballottava nei suoi circuiti cerebrali come una palla da flipper: «Una massa iniziale di denaro alla quale si conferisca un potenziale illimitato».

"Come si fa?" pensava Hiroshi. "Come si fa a conferire un potenziale illimitato a una massa di denaro finita? E chi glielo dovrebbe conferire?"

E inoltre c'era qualcos'altro che lo turbava. Qualcosa che aveva da sempre notato e lo lasciava perplesso. Più che perplesso. Qualcosa che gli generava una sensazione di indefinito sconforto, limitava la sua partecipazione alla squadra e lo inchiodava talvolta a un ruolo di spettatore. Era lo sguardo di alcuni componenti del gruppo, la loro postura, il loro arrogante apparente distacco dalle emozioni comuni, la loro capacità naturale di ottenere senza dover chiedere, senza manifestare il bisogno. E anche la loro gelida soddisfazione per il successo, come se ogni cosa ottenessero fosse solo un orpello superfluo che non arricchiva il loro stato... semplicemente ne era attratta.

"Chi erano costoro?" si chiese. Il frutto di una lenta evoluzione avvenuta nel silenzio del DNA per secoli e millenni, oppure dei parassiti di una specie sull'orlo dell'autoconsunzione?

Erano la razza padrona? Come si diventava così?

La loro attitudine aveva un'origine nel latte materno, nello sperma paterno, nella vibrazione vocale dei loro genitori?

Era, come sostenevano alcuni, l'effetto dello stato sociale di appartenenza e dell'educazione, oppure era una condizione che preesisteva alla nascita?

Un dono? Forse un segno che, se decifrato, poteva chiarire l'aspetto occulto della storia?

Chi possedeva quell'ineffabile smorfietta, quel lento distendersi dei muscoli facciali, era mosso dal proprio io rapace o si era già disciolto nella grande anima del pianeta?

Costoro avevano mai assistito con accortezza alle manifestazioni del proprio essere profondo o semplicemente lo trasportavano qui e là a caccia di nuovi piaceri?

Qualcuno indicava queste manifestazioni con la dicitura "fascino", ma a Hiroshi questo sembrava un prodotto offerto alle masse di insicuri in cerca di identificazione con modelli vincenti. Si girò e rigirò nel letto, poi pregò il suo dio e precipitò nell'abisso vuoto del sonno.

L'indomani, ognuno nella propria stanza fece diligentemente i compiti. Ognuno lesse con attenzione il dossier, stese delle note e si preparò all'incontro serale. Nessuno parlò né tantomeno incontrò nessun altro della squadra. Andy era stato chiaro: massima riservatezza e niente contatti tra i membri fino al momento del confronto collettivo.

A sera cenarono nuovamente tutti insieme in un'atmosfera ancora gioiosa ma già carica di impegno per la "missione". John raccolse le opinioni scritte di tutti e le passò ad Andy che le lesse a voce alta dopo cena. C'erano delle perplessità, ma non tali da mettere in discussione il progetto. Quindi il capo si apprestò a una risposta complessiva.

«Secondo un teorico contemporaneo» debuttò, «in futuro la società non sarà più solo divisa in classi economiche, ma anche in classi determinate dalle quantità di informazioni a loro disposizione...»

«Conosco la fonte» intervenne Gerhard Hosfeld, «è Hans Magnus Enzensberger. Un tedesco. Un comunista, secondo molti.»

«Esatto» confermò Andy, «un comunista. Ma alle sue parole noi aggiungiamo: non solo dalla quantità di informazioni, ma anche, e soprattutto, dalla velocità e ubiquità delle reti che trasporteranno le informazioni stesse. E questo fa la differenza!»

«Ok» lo apostrofò l'israeliano Ofer Uzrad, «quindi?»

«Quindi il segreto della futura alchimia è nella dimensione digitale che consente velocità e ubiquità. È superfluo ricordarvi che con l'antica parola araba *digit* si definivano le prime dieci cifre, da 0 a 9. Oggi stiamo per entrare nell'era dei numeri...»

«I nostri cabalisti lo sanno da secoli» intervenne nuovamente Ofer.

«È vero. Bravi. Meglio così» riprese Andy. «Anche i pitagorici lo sanno da secoli e tuttora non conosciamo le loro fonti. Ma sappiamo per certo che i numeri vanno da infinito a meno infinito. Quindi la futura economia basata su *digital pictures*, *audio*, *data*, *graphics*, che utilizza la forza del lavoro e del commercio applicata a nuove reti di distribuzione online, telefoni digitali, videotelefonia, *interactive cable* a banda larga... E poi satelliti geostazionari e orbitanti, antenne individuali e collettive... E standard di compressione, *conditional access*, decoder [▸ decoder, pag. 88], informazioni criptate... Questa futura economia che tutti evocano, creerà la nuova alfabetizzazione e formerà le nuove generazioni. Ok?»

Riprese fiato dopo la filastrocca e trasse una prima conclusione: «Quindi la futura economia, fatta di produzione, distribuzione e commercio digitale, potrebbe agire al di fuori dei limiti tradizionali, spaziando da infinito a meno infinito?».

Andy lesse negli occhi di qualcuno, ad esempio in quelli di Hiroshi, dei seri dubbi, ma decise di incalzare comunque: «È nella transizione da analogico a digitale che si rinviene la formula per creare denaro. L'analogico è il vecchio, il pesante, solido denaro. Il digitale è il nuovo, leggero, infinito, anche virtuale...».

«Volatile dunque, anche molto volatile» tenne a dire Hank De Wildt.

«Sì, volatile. Forse molto volatile. Ma per tutto il tempo che intercorre tra la sua creazione e la sua... come dire... "evaporazione", noi, se ci organizziamo, ne potremo disporre. Se siamo bravi potremo comprare qualsiasi cosa, qualsiasi persona, potremo comprare interi governi, forgiare la storia, ridisegnare la geografia e la geopolitica...»

«Comunque» tossicchiò Andy, riprendendosi da quella che appariva anche a lui un'esagerata esaltazione, «come voi tutti saprete è in corso un fenomeno di convergenza tra l'industria delle TLC, quella dei PC e i media. Questo fenomeno prevede che le maggiori masse finanziarie attraggano quelle minori. Se si coniuga questo con la globalizzazione della cultura, andiamo incontro a una fase di digital power in cui comincia l'organizzazione del consenso e dei consumi su territori transnazionali e che si concluderà solo quando pochi competitor globali controlleranno equilibrate share... equilibrate porzioni di affari, ognuno nei propri mercati, nelle proprie aree di intervento. Per arrivare a questo occorrono grandi, enormi, oggi ancora impensabili joint venture e take over, e bisogna costruire nuove società, conglomerati verticali, per centralizzare e controllare i segnali che trasportano le informazioni a grande velocità e dovunque.»

«Ah, questa sarebbe vera musica per le orecchie di George Orwell». Da buon inglese, Patrick Finch non seppe trattenersi. Orwell era un suo illustre connazionale, ci teneva a citarlo.

«Lo è, credimi, lo è. È vera musica» riprese Andy. «Ma veniamo ancora più a noi. In una cultura globalizzata attraverso e a causa delle reti, il tempo tende a zero e lo spazio tende a tutto il pianeta. Ovvero si crea un cyberspazio-tempo che deve, ripeto, *deve* essere occupato dalle economie dominanti e dalla finanza transfrontaliera.»

«E in questo cyberspazio-tempo si ipotizza anche il superamento del sistema di distribuzione delle merci tradizionale?» chiese Christian.

«Esatto caro, esatto, e non solo, si ipotizza anche il superamento in progress del sistema di imposte sul commercio locale, nazionale, internazionale.»

«Il trionfo del commercio globale monoprice, allora, l'esaltazione di plastic money e dunque l'apertura di banche online? Ci stai parlando di questo?»

«Sì, sì certo, e anche la possibilità di scambi illeciti se vuoi, di furti nelle reti, di traffici anonimi d'organi umani e materiale radioattivo... ma questo ci interessa meno.»

«Ah, meno male» commentò Paul, «più andavamo avanti, più mi preoccupavo. Amorali ok, però...»

«Non ti preoccupare Paul, la nostra azione sarà tutta lecita, non c'è nulla di gangsteristico in quanto andremo a fare, i nostri eventuali reati non sono ancora menzionati nei codici nazionali, né tantomeno nei trattati internazionali. Noi agiremo sui numeri all'interno dei mercati finanziari. E comunque: prima che qualcuno ci arresti, noi arresteremo tutti loro! Ora ascoltate, vi prego» e trasse un foglio da una tasca. «Allora, la squadra degli analisti strategici, dopo anni di ricerche è giunta a queste conclusioni... I mercati finanziari di fine millennio saranno orientati dalle informazioni circolanti nelle reti digitali. Ok?». Guardò la sua platea accertandosi che ognuno seguisse con attenzione. «Presto, molto presto, così tanta gente nel mondo avrà accesso a così tante informazioni e alla possibilità di agire istantaneamente grazie alle tecnologie digitali. Il fenomeno determinerà una contrattazione finanziaria che si svolgerà ventiquattr'ore al giorno e sette giorni a settimana. La tecnologia digitale è l'ambiente in cui le informazioni, ripeto, in determinate condizioni di velocità e ubiquità, prima orienteranno e poi determineranno le scelte. Questo ve lo dovete fissare bene in testa. Già attualmente, come ben sapete, pochi investitori, ma da ogni parte del mondo, possono conoscere i prezzi di qualsiasi titolo istantaneamente e ottenere che i loro ordini vengano eseguiti. Ciò sta rendendo obsoleta l'attività di compravendita nei parterre delle borse tradizionali. Continua tu John, ti prego...» e passò il foglio a John Gillmore.

Il rosso irlandese, erede di potentati economici-politici originati in Massachusetts, si schiarì la voce e ricominciò a leggere da dove aveva interrotto Andy.

«Nell'immediato futuro, oltre ai computer casalinghi e d'ufficio, masse di investitori useranno telefoni cellulari e computer portatili e, con questi device, avranno accesso ai mercati attraverso reti sempre più sofisticate e potranno ottenere rapporti sull'andamento dei propri titoli sia su canali audio personalizzati sia, ovviamente, sui monitor digitali. All'interno dei mercati si verificheranno sempre più alleanze globali e fusioni che consentiranno ai gruppi integrati l'accesso a flussi di capitali su scala planetaria. La compravendita costerà meno, i mercati godranno di enorme liquidità, raccogliere fondi sarà molto più facile, veloce ed efficace. Gli imprenditori saranno incoraggiati a collocare le proprie società in borsa, sia nei Paesi sviluppati che in quelli emergenti.»

Ofer chiese la parola: «Scusa Andy, ma *tutto ciò*» disse, «prevede una stabilità della governance mondiale, cioè l'assenza di conflitti.»

«Certo Ofer, certo. Lo sai anche tu, le altre squadre stanno facendo del loro meglio per sanare tutte le questioni sospese. Voi a Tel Aviv... sì, insomma, voi a Gerusalemme siete un problema... Troveremo una soluzione. Troveremo una rappresentanza, una porzione dell'islam con cui fare accordi. In ogni caso, *tutto ciò*, come dici tu, prevede solo stabilità e soprattutto la fiducia, Ofer, solo l'opera della dea Fiducia... Ora, come puoi immaginare, alla costruzione della fiducia planetaria stanno lavorando altre squadre e, per quello che ne so, con un certo successo. Però, perdonatemi, vorrei concludere questa prima fase. Ti prego John, continua.»

«Diversi fattori stanno orientando il cambiamento» riprese l'irlandese. «La tecnologia video, dei computer e delle telecomunicazioni, ha trovato il suo collante. Il tempo delle operazioni tende a zero, lo spazio tende a tutto il pianeta. Si allarga esponenzialmente la base dei potenziali investitori. Solo in USA, nel 1999, tra dieci anni, circa 100 milioni di persone avranno accesso alle reti. All'inizio del 2000, nel mondo saranno 500 milioni. Nel 50% delle case americane, europee e giapponesi ci sarà un computer...»

«Non credi Hiroshi?» tenne a dire Andy, che notava di quando in quando un'ombra negli occhi del vecchio compagno di stanza.

Hiroshi annuì, limitandosi a un cenno della testa. Non era questo il punto. Non era il mercato dei microchip o il numero dei computer funzionanti il problema che lo affliggeva. Era piuttosto una questione etica, era l'interpretazione dell'amoralità che avrebbe voluto discutere, ma ritenne di soprassedere.

«La compravendita sarà elettronica» riprese John, «il mercato della vecchia distribuzione atomica dei beni, cioè camion, negozi, supermercati, scaffali, chioschi, venditori ambulanti, sale per aste, gallerie d'arte eccetera, è sfidato inesorabilmente dalla distribuzione tramite reti digitali. Nell'area finanziaria agiranno milioni di broker online e si stima che il 35% della popolazione in USA, Europa e Giappone, nel 2000 comprerà e venderà titoli azionari in rete.»

«Ma è un fenomeno che riguarda prevalentemente i giovani che hanno accesso alla Rete» intervenne ancora Paul Gardner, «un segmento interessante, ma a basso reddito.»

«Errore Paul... errore» lo corresse Andy. «La crescita demografica e in particolare l'aumento dell'età media e del periodo di godimento delle pensioni stanno determinando un rapido aumento del numero di investitori che accedono alla Rete. E noi qui parliamo di investitori, non di consumatori. Fate concludere John. Vai John, continua.»

«Alla fine della Seconda guerra mondiale solo il 5% della popolazione USA possedeva azioni. Nel 2000 si calcola che questa porzione sarà il 45%. E di questi, il 75% investirà in un mercato finanziario che funziona esclusivamente su reti digitali. La classe media è diventata la maggiore sostenitrice, le sue risorse economiche sono pronte a confluire nelle borse mondiali. Ciò sta influendo anche sulla stesura di leggi, che una volta riguardavano solo le classi ricche. La globalizzazione dell'economia e della finanza consente alle società di cercare capitali in ogni nazione e molte società, non solo le tradizionali multinazionali, dopo essersi rafforzate nei mercati d'origine, stanno quotandosi nei mercati dove i loro prodotti sono venduti.»

Hiroshi ascoltava attento e prendeva anche appunti, ma a un certo punto non seppe trattenersi.

«Andy!» disse.

«Sì Hiroshi, dimmi...»

«Ok, tutto ok, ma ieri dicevi di una massa di denaro con potenziale infinito... Che vuol dire "potenziale infinito"?»

«I bit [▸ bit, byte, pag. 86]. I bit sono infiniti Hiroshi, l'economia fondata sui bit non è come quelle precedenti fondate su materie prime limitate... Quando si *innescherà*, è proprio il caso di usare questo verbo, quando si innescherà il fenomeno della compravendita di bit, dilagherà all'infinito... Sarà come trovarsi dentro un big bang finanziario... Si formeranno costellazioni fatte di società con attività digitali, ci saranno stelle, pianeti, satelliti che nasceranno all'interno di un nuovo spazio-tempo, di un nuovo oggi ancora inesistente universo di transazioni.»

«E al big bang seguirà il big crunch» sospirò Hiroshi, «dopo l'esplosione ci sarà l'implosione. Come pensate di governare il processo?»

«Per il momento non si prevede l'implosione Hiroshi... I bit sono, come dicevo, una risorsa infinita, una risorsa che si autogenera». Per un attimo si intuì che Andy sulla questione dell'eventuale big crunch non era molto preparato. Il capo della squadra aggrottò le sopracciglia, parve voler aggiungere qualcosa, ma poi decise di glissare. «Comunque... vai John, continua.»

«Le borse esistenti non possiedono oggi un'architettura in grado di servire i bisogni di investitori online e delle società quotate, ma una nuova generazione di stock market è allo studio per gestire i capitali globalizzati e la liquidità dei risparmi. Per realizzare: ventiquattr'ore al giorno di contrattazione, basse commissioni, offerte finanziarie promosse in dettaglio, accesso a prezzi ed esecuzioni istantanee da ogni parte del mondo, competitività e trasparenza delle operazioni. Questa nuova generazione di stock market ha deciso di adottare la tecnologia delle reti digitali, che si pone appunto alla confluenza tra la massa di informazioni e la massa di capitali e liquidi che sempre più si vogliono incontrare.»

«E arriviamo al GASD» disse Andy, con un certo sollievo, «Global Association of Securities Dealers. Vai John.»

«La strategia del GASD è quella di incrementare costantemente la capacità di transazioni. Nel 1971, diciotto anni fa, con una mossa considerata rivoluzionaria il Gasdaq market, di proprietà del GASD, affrontò per primo al mondo la sfida telematica, come si diceva a quel tempo. Il Gasdaq venne creato nel 1971 quale primo mercato al mondo di contrattazione puramente basata su informazioni che compaiono dagli schermi dei computer. Autorizzando compratori e venditori a comunicare attraverso i computer, invece che di persona, Gasdaq facilita il commercio e la sorveglianza. Soprattutto, in tal modo, si escludono le strettoie, dovute al fattore umano, che tradizionalmente facevano soffrire in caso di alti e altissimi volumi scambiati. La contrattazione è continua e evita gli strappi delle chiusure e riaperture.»

«Siamo in presenza» volle aggiungere John Gilmore, che sembrava già al corrente di tutto, «di uno spazio-tempo di moltiplicazione. Un ambiente fortemente digitalizzato, in cui la convergenza computer-TLC-media viene esaltata finanziariamente... Quasi, direi, ha trovato le forme per autoesaltarsi, grazie alle condizioni di velocità e ubiquità di quell'ambiente.»

«Per ribadire» riprese Andy con paragone grossolano, ma utile a comprendere, «grazie alla scissione dell'atomo, in un certo periodo della storia si poté cominciare a generare e a gestire masse di energia impensabili, sia per scopi civili che per scopi bellici. In questo caso è come se il Gasdaq fosse un imponente reattore, perfettamente organizzato, in grado, grazie alla confluenza di informazioni digitali, in particolari condizioni di velocità, ubiquità e temperatura finanziaria... È come se fosse in grado...» respirò profondamente «di generare masse di valore... valore di scambio. È più chiaro ora, Hiroshi?»

Hiroshi annuì ancora, ma più che comprendere subiva l'autorità del leader e non si sentiva pronto a una replica. Voleva studiare meglio la questione. In ogni caso...

«Volatile. Tutto molto volatile» ribadì ancora una volta Hank De Wildt. «È come quando negli acceleratori si fondono gli elementi per ottenere atomi di numero atomico maggiorato... Oltre il numero atomico 100 però gli atomi sono inutilizzabili, perché si disintegrano da soli in tempi ridottissimi... anche in milionesimi di secondo... Cioè, credo che la natura reagisca... È difficile far vivere a lungo un Frankenstein qualsiasi... un enorme Frankenstein assemblato con valore di scambio... Non so, Andy, forse dico delle fesserie» concluse attenuando la critica, «però ho qualche dubbio.»

Andy stavolta si indispettì un po', ma mantenne la calma e con un minimo salto di voce riprese evitando di rispondere all'olandese: «Questo fenomeno, cioè la generazione di valore di scambio, sarà causato dalle IPO, ovvero le offerte pubbliche iniziali. In particolare, al Gasdaq le IPO consentiranno il generarsi di una massa di valore, grazie alla quale la convergenza tecnologico-finanziaria si alimenterà e si espanderà a tutti i mercati raggiungibili».

L'attacco di Hank era stato duro e abbastanza inaspettato. Di solito l'olandese, noto nel gruppo per una certa ossessività, si limitava a delle cantilene. Stavolta aveva argomentato in modo efficace. Andy comunque non lo considerava ostile ed era certo di poter controllare il suo eventuale dissenso. Quindi ripassò la palla al fido John. «Continua a leggere tu John, ti prego, vai direttamente al capitolo sulle IPO.»

«Ok Andy, ecco qui... I beneficiari di tale fenomeno non sono limitati alle società quotate ma, trattandosi in definitiva di una specie di "alchimia finanziaria", esistono altri beneficiari, e si tratta, ovviamente, di banche. Vediamo come operano.»

«Usiamo la definizione "alchimia finanziaria"» volle precisare Andy, «perché da tempo le IPO sono indicate come "mistiche operazioni velate di mistero".»

«Velate di mistero, eh?» ironizzò Christian Charrue. «E noi vogliamo "ri-velarle", *n'est-ce-pas?*»

Qualcuno scoppiò a ridere allentando la tensione che si era andata creando. Anche Andy sorrise bonario. Hiroshi no. Si sentiva sempre più solo.

«Con l'acronimo "IPO"» riprese John, «come sapete, si esprime quella complessa procedura che conduce una società a essere quotata in borsa. I soggetti che realizzano questa pratica sono fondamentalmente quattro: la società che vuole quotarsi, una banca di investimenti, un "accountant" e uno studio legale. Il ruolo fondamentale appare però essere quello svolto dalla banca di investimenti, o "underwriter". Questo ruolo può essere svolto da una sola o da un gruppo di banche. In tal caso, tra loro una di esse svolge una funzione leader e viene definita "lead manager". Un underwriter è dunque il collegamento tra la società che vuole raccogliere capitale attraverso il suo collocamento in borsa e il mercato. L'underwriter assume il rischio di preacquistare le nuove emissioni di azioni e rivenderle al pubblico guadagnando o, molto raramente, perdendo. Nella lista dei dodici più attivi underwriter che operano IPO al Gasdaq si dovranno rinvenire tutte le banche per le quali lavoriamo, cioè quel gruppo che tradizionalmente traccia le regole della finanza internazionale.»

«Ok ragazzi» riprese la parola Andy, «anche per oggi facciamo basta. Mi sembra che ci siamo detti molte cose e non vorrei che diventassero troppe. Come sempre vi raccomando la massima discrezione su questo incontro. A proposito delle IPO riceverete informazioni più dettagliate per iscritto nei prossimi anni. Buon lavoro.»

La sala del Grafton Hotel cadde per qualche istante nel silenzio. Dom Serafini si soffiò rumorosamente il naso. Poi Ofer Uzrad chiese la parola e iniziò un lungo giro di commenti che si protrasse per tutta la notte. All'alba erano tutti d'accordo: si sarebbero alacremente dedicati alla collocazione di società digitali in borsa, avrebbero gestito l'offerta pubblica d'acquisto all'interno del club, avrebbero messo a disposizione dei poteri politici le masse di denaro guadagnate... Avrebbero cambiato il mondo.

Hank affermò di aver trovato una formula per ridurre la volatilità.

Solo Hiroshi rimaneva perplesso, ma si era abituato ormai a questa sensazione.

* * *

Hiroshi tornò a casa. La sua banca, all'inizio degli anni Novanta, si dotò di molti computer. Anche gli altri tornarono a casa. Le loro banche, all'inizio degli anni Novanta, si dotarono di molti computer e, come previsto, cominciarono le contrattazioni in rete su scala massiccia.

Passò qualche anno e, un giorno, nel suo ufficio di Tokyo, Hiroshi ricevette un pacchetto molto riservato. Conteneva un floppy disk, uguale a quello che avevano ricevuto tutti gli altri della squadra. Arrivava da Los Angeles, da Andy.

A una prima consultazione il contenuto del floppy disk sembrava solo una schermata impazzita piena di "###%%^&^%$##@*&&^", ma bastava riversarlo sull'hard disk con una certa procedura e si otteneva il testo reale. Vi si leggeva:

Cari amici,
le cose al Gasdaq procedono per il meglio e tra poco vi si chiederà di intervenire. Come già accenna-

to al Grafton, uno dei modi migliori per investire è quello di comprare azioni da una delle vostre banche che gestiscono il prezzo di offerta, cioè prima che le azioni entrino nel mercato. Le nuove offerte abitualmente hanno un prezzo molto ragionevole, in quanto il lead manager spera di realizzare da subito un 15%, non appena i titoli fanno il primo prezzo sul mercato. Per i comuni mortali, però, comprare azioni al prezzo iniziale dovrà essere quasi impossibile.

Per partecipare a una IPO esistono infatti diverse condizioni, che potranno apparire restrittive ma... così è.

- Avere un conto presso un broker che ha accesso alle IPO, ovvero presso una delle banche che è parte della underwriter list.
- Far sapere al broker con largo anticipo quanto si intende acquistare.
- Rientrare nella disponibilità di azioni offerte al broker dal lead manager (tante più sono le azioni, tanto più è possibile).
- Avere comunque un conto con una quantità di denaro importante (da un milione di dollari in su).
- Essere un soggetto che fa molta compravendita di azioni.
- Avere una relazione amicale con il broker.
- Avere un broker che dispone delle informazioni giuste e che abbia successo.

Molti broker, specialmente quelli che hanno iniziato da poco, non conoscono nemmeno le IPO.

In ogni caso partecipare a una IPO al prezzo di offerta è un privilegio riservato a pochi: istituzioni finanziarie, banche con certe caratteristiche, clienti individuali con risorse enormi. Si crea così una specie di club esclusivo, che comunque ha al suo interno alcune regole ferree (almeno ufficialmente).

Prima regola: non fare "flipping", cioè non vendere le azioni il primo giorno del collocamento. Se qualcuno lo fa, non otterrà di partecipare alle IPO successive. Perché? Perché il primo giorno di collocamento, nell'80% dei casi, avviene l'alchimia finanziaria, cioè si sprigiona una quantità di valore che non ha eguali nelle altre borse. Questo fenomeno tipico delle IPO è detto "first day jump" e si manifesta con una salita vertiginosa della quotazione del titolo. C'è anche il suo opposto, il "first day drop", che avviene se il titolo cade.

Quindi tutto normale. Possibilità di guadagno o perdita equilibrate. NO! Perché le nostre ricerche affermano invece che, ad esempio, le ultime dieci società che hanno avuto il first day jump sono salite in poche ore di valori alti. Nello stesso periodo, le dieci società che hanno avuto il first day drop sono scese di valori bassi. Il che fa sicuramente la differenza. In sintesi: se salgono, salgono vertiginosamente, se scendono, scendono regolarmente.

È ovvio che al Gasdaq i prezzi non si fermano: né per eccesso di ribasso, né per eccesso di rialzo, altrimenti non si potrebbe verificare l'alchimia.

Questa (per alcuni) esaltante pratica ai limiti dell'inesplicabile è ormai registrata in diverse pubblicazioni ed esiste già una piccola storia e una hit parade dei first day jump, cioè dei salti di valore nel primo giorno.

Tutto comincerà a novembre del 1995. In quel periodo una società che stiamo costruendo, che forse si chiamerà Secure Digital, diventerà il primo titolo della storia che guadagnerà più del 200% in un giorno. Da quel giorno le performance si susseguiranno incessantemente e nel guinness dei primati compariranno nomi di società che faranno la storia delle reti digitali e del Gasdaq.

Ma torniamo ora agli underwriter e alla legge ufficiosa che impedisce di vendere nel primo giorno, quando cioè si verificano i salti di valore. Innanzitutto non tutti sottostanno a questa legge, alcuni avranno facoltà di agire in deroga e non finiranno nemmeno nella lista nera. E inoltre, gli underwriter e i lead manager non collocheranno sul mercato tutto il quantitativo di azioni in loro possesso, ma solo quantità molto controllabili. Di fatto l'underwriter controllerà sia la prima offerta, sia la prima domanda e – in parte – anche l'andamento della compravendita successiva. Cioè, informalmente, controllerà il prezzo. Quando questo prezzo salirà vertiginosamente, l'underwriter, che non ha collocato sul mercato tutte le azioni disponibili, si ritroverà a possedere una grande quantità di valore, talvolta relativamente immensa per gli standard tradizionali.

Ad esempio: l'ipotesi è di collocare società con un valore medio iniziale pari a 300 milioni di dollari di azioni. Se il lead manager trattiene 100 milioni di dollari di azioni per sé, e se il titolo nel primo giorno acquista il 100%, a fine serata ci sarà una banca che disporrà di 100 milioni di dollari in più. Se moltiplichiamo questa eventualità per tutti i casi in cui potrà verificarsi, otteniamo una cifra da capogiro. Tali cifre saranno gestite da un cartello di banche che, come abbiamo visto, sono quelle per le quali lavoriamo e che sono le stesse erogatrici di prestiti strategici. Al dunque noi dovremo, con quei soldi, aprire linee di credito con tassi molto agevolati a favore di persone o società che ci verranno comunicate, comprare i governi e/o prestare con tassi elevati denaro alle nazioni ottenendo in garanzia titoli di Stato. Così facendo sarà facile **normalizzare il pianeta.** Buon lavoro.

P.S. Siete pregati di distruggere il floppy disk e di cancellare il file dopo averlo visionato.

Fine del messaggio

Hiroshi studiò ben bene il testo e verificò se le affermazioni in esso contenute corrispondevano alla realtà. Era vero, era tutto vero! Qualcuno aveva inventato il modo per creare molto velocemente denaro dal denaro. Molto più velocemente che nel passato. Ma questo denaro dove e perché veniva investito? Non certo per la salvaguardia dei beni comuni né tantomeno per il benessere dei popoli.

Continuava ad aumentare l'inquinamento, la fame nel mondo non dava veri segnali di regressione, aumentava il gap tra poveri e ricchi.

Hiroshi era nato in un'antica famiglia, una famiglia che nel corso dei secoli aveva fornito molti *shoten*, scelti tra gli appartenenti di sesso maschile, e molte *nai-shoten*, scelte tra le donne della dinastia. Erano costoro sacerdoti che avevano avuto il compito di assistere l'imperatore durante l'esecuzione dei riti shintoisti. Hiroshi ricordava i loro ritratti ben allineati nella galleria di famiglia, ricordava l'espressione beata dei loro volti.

Nel corso della sua giovinezza aveva studiato lo shintoismo *koshitsu*, nel quale si esaltavano la continuità dello Stato, la felicità del popolo e la pace mondiale.

Negli anni Sessanta aveva contestato queste tradizioni, aveva rigettato con estrema semplicità e con una certa dose di conformismo tutto ciò che gli era apparso arcaico e ormai privo di significato.

Con l'andare del tempo però, da quando era tornato in Giappone e aveva avuto figli, aveva rivalutato i valori fondamentali e sapeva bene che ogni atto umano che mette a repentaglio l'esistenza di una comunità era *kunitsu tsumi*, un peccato molto grave. Sapeva anche che nella vita la cosa più importante è VIVERE... Sapeva che non soltanto samurai, contadini, artigiani e commercianti, ma anche bonzi e sacerdoti shintoisti, pur obbedendo al Dio della frugalità, devono accumulare denaro. Sapeva, perché glielo avevano ripetuto all'infinito, che "padre e madre danno la vita, il denaro la preserva".

Ora, però, creare molto valore di scambio e metterlo a disposizione per gli intenti richiesti dalla squadra, era *kunitsu tsumi*? Non seppe darsi una risposta immediata, ma si ripromise di non farsi travolgere dall'avidità e di non cadere nell'oblio.

Nonostante tutti questi dubbi, seguì diligentemente le istruzioni e distrusse il floppy disk.

Trascorsero le stagioni. Si accumularono i bilanci e i rendiconti trimestrali. Al vertice del potere politico planetario si avvicendarono democratici e repubblicani, filoprogressisti e filoconservatori, ma nulla cambiò nella finanza globale.

Puntualmente, verso la metà del 1996 cominciò ad avverarsi la profezia di Andy Gung, che nel frattempo era diventato il numero due della FED, la banca centrale USA. Il mondo sembrava impazzito. Le quantità di valore di scambio alle quali erano abituati gli operatori internazionali si moltiplicavano esponenzialmente. Agenti di occulti potentati riuscivano a duplicare masse finanziarie in pochi giorni. Le banche mettevano a loro disposizione delle linee di credito fondate sulle masse di denaro virtuali create nelle borse e gli agenti trasformavano queste linee di credito in prestiti alle nazioni. I governi delle nazioni spandevano e spendevano bellamente, conferendo appalti miliardari a cupole, mafie e logge. Il debito pubblico saliva e la sua restituzione a favore delle banche era gravata da imponenti interessi. Qualsiasi progetto in linea con la normalizzazione liberista, che imperava nel dopo Guerra fredda, veniva finanziato e fortemente sostenuto da azioni promozionali miliardarie. Gli altri progetti finivano nel cono d'ombra dell'economia a galleggiare nei laghetti dei piccoli budget. Molti partiti tradizionalmente antagonisti e schierati in difesa delle classi oppresse, spiazzati dal fatto che le loro storiche analisi basate sul rapporto capitale-lavoro non generavano più gli effetti attesi, iniziarono una perversa mutazione. Le loro segreterie subirono l'arrembaggio di ossequiosi maggiordomi del potere globale.

C'erano, senza dubbio, degli incidenti di percorso. Tra questi il Messico, che deflagrò rischiando di bloccare la grande macchina della fiducia. Ma intervenne prontamente la triade del Dio denaro (finanza, economia, valuta) e manovrando sui tassi riuscì a limitare i danni. Il gioco ricominciò. Il Messico venne comunque normalizzato.

Dopo un paio d'anni scoppiarono alcuni mercati asiatici. Economie inventate per normalizzare Paesi strategici nell'area del Pacifico rischiarono di crollare in poche settimane. L'onda d'urto colpì anche il Giappone e Hiroshi dovette assistere ad alcuni suicidi. Due suoi amici d'infanzia si tolsero la vita a causa di crack finanziari.

In ogni caso, Gasdaq si gonfiava. Ogni giorno venivano quotate decine di nuovi titoli, di cui la grande maggioranza era di natura digitale. Alcuni settori dell'economia tradizionale erano ridotti a maneggiare porzioni sempre minori della ricchezza planetaria. I trasporti, l'industria automobilistica, l'energia, l'intero comparto alimentare soffrivano. Si coniarono due nuove espressioni: "old economy", riferito alle merci e alle attività in cui si muovevano atomi pesanti, e "new economy", riferito alle merci e alle attività collegate al mondo digitale, nel quale si muovevano quasi esclusivamente bit. Tutto andava per il meglio per i membri della squadra di Andy.

Ogni giorno Andy riceveva un paio di telefonate su linee molto riservate. Contrattava l'andamento dei tassi e assicurava l'apertura di linee di credito a disposizione del potere politico, militare e mercantile. Il mondo si andava normalizzando anche mediante piccole – si fa per dire – guerre locali, che venivano promosse e combattute grazie e soprattutto allo sviluppo delle armi comandate da computer e delle reti digitali. I leader dissidenti venivano costretti alle elezioni e dovevano confrontarsi con nuovi leader favorevoli al liberismo integralista e ai suoi agenti. I nuovi leader venivano finanziati con le masse di denaro prodotte dal Gasdaq e in gran parte trattenute nelle casse delle banche che li reinvestivano accuratamente generando altro denaro.

Verso la fine del secolo i sovietici non esistevano più, gli islamici erano molto inquieti ma attendevano gli eventi ed erano comunque rappresentati da alcune dinastie e fazioni che erano entrate nel gioco. I cinesi studiavano il modo per adeguarsi e progettavano l'ingresso nella World Trade Organization. I Paesi in via di sviluppo votavano a favore di qualsiasi follia nelle assemblee planetarie, semplicemente in cambio dell'accesso agevolato alla telefonia e alla farmacologia di massa.

I giap però soffrivano, la loro economia era sballottata in su e in giù, e Hiroshi assisteva con immenso dispiacere a quanto accadeva. Era impotente, ma sempre più convinto che l'azione della squadra fosse *kunitsu tsumi*.

Una tribù occidentale dissidente, che si rinveniva a pelle di leopardo nelle nazioni del G7-OCSE, gli hacker [▸ hacker, pag. 90], tentava le prime scorribande nelle reti che ormai si erano saldate in un'unica grande maglia planetaria detta Internet.

* * *

Nel 1999, dieci anni dopo il loro incontro, a trent'anni dallo sbarco sulla Luna, l'indice del Gasdaq era alle stelle. Il suo andamento nel corso degli anni era stato trionfale. Qualche titolo aveva guadagnato fino a un massimo del 600% in un solo giorno. In Europa, gli imprenditori che avevano rapporti con la squadra si davano un gran da fare per inventare società da collocare nelle borse equivalenti al Gasdaq. Qualcuno ramazzò delle fortune. Internet trionfava. I gestori ufficiali della Rete erano ormai in grado di comprare a man bassa storiche società che nel corso di ottant'anni di profitti avevano raggiunto un decimo del valore che le società di prodotti digitali avevano raggiunto in dieci anni. Un caso per tutti, che divenne oggetto di studio in molte università, fu la "fusione" AOL-Time Warner.

Un giorno, però, il maggiore magnate dell'industria digitale venne accusato di monopolio e la sua società venne minacciata di essere fatta a pezzi come già era accaduto alle grandi società telefoniche in USA. Questo era un brutto segno.

Hiroshi non riceveva più floppy disk ma email criptate, e un pomeriggio di fine dicembre, reduce da una visita al tempio, lesse l'ultima in arrivo da Andy:

Abbiamo dei problemi.

La squadra preposta a generare la fiducia è molto nervosa; il potere politico planetario è stanco di contrattare con noi, siamo a ridosso del cambio di guardia nella nazione più influente del pianeta; quelli della old economy hanno paura e stanno cercando un'alleanza con i petrolieri; soprattutto c'è un'infiltrazione incontrollata all'interno del Gasdaq, è gestita dalla squadra di biogenetica e nanotecnologie.

Comunque ti auguro un felice 2000.

Il nuovo millennio debuttò, senza infamia e senza lode, ma quel suo primo inverno appariva molto inquieto.

E giunse il 9 marzo 2000.

Quel giorno, l'indice Gasdaq era al suo massimo storico. In serata la squadra preposta alla creazione della fiducia planetaria, controvoglia, dovette diffondere la brutta notizia: "I due premier delle nazioni più favorevoli al liberismo integralista affermano congiuntamente che bisogna rivedere le norme che regolano i brevetti di pezzi del DNA".

Un colpaccio per la zona biogenetica del Gasdaq. L'indice s'incrinò di qualche punto. Passò qualche altro giorno e i petrolieri ridussero, senza un vero motivo apparente, il prezzo del barile di greggio. Ciò fornì alla old economy l'arma per attaccare il commercio elettronico.

"Se cala il costo del petrolio" si scrisse, "cala anche il costo per distribuire le merci... Quindi" con un volo ardito si raggiunse questa conclusione, "il commercio elettronico non è veramente competitivo."

Fu un altro colpo duro per Gasdaq, stavolta nel cuore della digital economy. Sembrò il "la" atteso. Un coro di analisti cominciò a parlare di bolla speculativa, di inversione di tendenza della new economy. Da ogni parte del pianeta arrivarono ordini di vendita incontrollati.

Nella sua stanza, Andy si aggirava come un giaguaro in gabbia.

«Chiama Ofer Uzrad a Tel Aviv» disse a John Gillmore che lo aveva raggiunto, «ci deve spiegare perché le banche controllate dalle famiglie ebraiche stanno mollando. C'è il rischio di un nuovo ottobre nero, come nel 1987.»

«Mi dispiace Andy» gli rispose Ofer, «non ci fidiamo degli arabi. Aspettiamo le prossime presidenziali USA. Vediamo che tipo di mediazione sulla questione palestinese verrà proposta dalla governance mondiale. Ti ricordi... te l'avevo detto al Grafton dieci anni fa... questa storia della bit economy, oggi della dot-com [▸ dot-com, pag. 89] economy o come volete chiamarla, presupponeva una stabilità che adesso è in discussione. Che dicono le altre squadre Andy?»

«Non capisco Ofer, non si capisce più niente, la salita vertiginosa dei titoli biotech stava sconvolgendo il sistema...» fece una pausa. «Sei sicuro di questa linea? Possiamo parlare tranquillamente?»

«Sì, credo di sì Andy... Però, hai visto, anche le telefoniche sono fuori dal controllo, le stanno massacrando. C'è un avvicendamento ai vertici, nessuno ci garantisce più la riservatezza. Credo che sia in corso un'azione da parte dei militari, si sentono indeboliti a causa della gran massa di informazioni circolanti. Stanno rafforzando il controllo sulle comunicazioni audio che transitano dai satelliti.»

«Hai ragione» disse Andy, «passiamo alle email criptate, è più sicuro, vorrei aprire una chat con tutti, sembra che Hiroshi abbia una teoria. Accendi il computer domani verso le dodici, ora di Los Angeles.»

«Ok.»

L'indomani alle dodici erano tutti online. Come squali nel loro mare. Cominciarono i resoconti degli europei. L'euro contro il dollaro andava malissimo, ma andava ancora peggio l'indice di tutte le nuove borse modello Gasdaq che si erano aperte negli ultimi mesi in Europa. Insomma, gli europei erano ininfluenti. C'era stato qualche bel colpo alle IPO, erano riusciti a far funzionare anche Milano, tradizionalmente arretrata, ma poi... il collasso. Da Hong Kong il resoconto fu più o meno uguale. L'ingresso della

Cina nella new economy era rallentato da diverse questioni: intanto c'era un enorme problema di alfabeto, e poi le scaramucce con Taiwan. Ma soprattutto i molti governi controllati dai militari in Asia "remavano contro" per impedire ai dissenzienti di comunicare fra loro in Rete. E infine, gran parte dell'islam considerava i testi e le immagini accessibili via Internet quale un attentato alle tradizioni e un affronto continuo al Corano. Ciò fornì a Ofer un ulteriore elemento per ribadire le sue tesi. «C'è un problema di stabilità planetaria. Alcuni poteri locali sono fuori controllo» ricordò ancora una volta.

Alla fine fu la volta di Hiroshi.

«Ho sofferto molto in questi anni» scriveva il giapponese, «l'economia del mio Paese è stata fatta a brandelli. Dal 1991 siamo in piena stagnazione. Fino a qualche tempo fa credevamo che fosse un problema domestico... ma io e altri siamo ormai sicuri che ci sono profonde implicazioni di natura globale. Ho riflettuto molto sui valori ai quali si ispira l'attività delle squadre. Non mi convincono. Manca l'etica, manca la salvaguardia degli oppressi... Forse le nostre squadre non sono degne di gestire la leadership planetaria... In pochi mesi sono evaporati trilioni di dollari e non certo quelli delle nostre banche, che avevano cominciato a ritirare gli investimenti prima del disastro... Abbiamo bruciato i risparmi di milioni e milioni di piccoli investitori creando un danno incomparabile nella storia. Abbiamo cambiato il mondo, sì, ma in peggio...»

«Vai al sodo» intervenne Andy, «hai detto che hai una teoria che giustifica quanto sta accadendo.»

«Sì» scrisse Hiroshi, «ho anche dei brandelli di informazione: credo che alcuni influenti capi di governo abbiano fatto un accordo con i capi delle grandi religioni. Le grandi religioni non vogliono che si brevetti il DNA, che si brevetti la vita... Hanno minacciato di riorganizzare il consenso elettorale su scala planetaria e i politici hanno agito di conseguenza. Così si è aperta la falla e nella falla si sono gettati tutti quelli che minacciavano di essere esclusi dalla festa digitale.»

«Dobbiamo aggiornarci allora. È sempre la stessa partita: le anime e i corpi, l'individualismo e il collettivismo... il bene comune e il capitale privato. Stronzate, ma in alcune stagioni le stronzate diventano influenti... Che ne dite ragazzi?»

Seguì un giro di interventi scritti da parte di ognuno. In gran parte concordavano con le affermazioni di Hiroshi e manifestavano un certo cinico e realista disincanto. «Da una parte è meglio così» scrisse Hank De Wildt da Amsterdam, «l'asse Londra-New York ci stava stritolando. È meglio aspettare una nuova stagione e nel frattempo godersi i soldi fatti».

In fin dei conti i mercanti erano sempre mercanti, i militari erano militari e i bramini parlavano tra bramini.

Il primo atto del nuovo capo della nazione più potente del mondo fu rafforzare la lobby dei petrolieri alla quale apparteneva sin dalla nascita.

Hiroshi Ekko si suicidò dopo qualche giorno. In un necrologio, il maggior quotidiano di Tokyo riportava il fatto che vicino al corpo del noto banchiere era stata ritrovata una copia del saggio sul suicidio e sull'immortalità dell'anima di David Hume.

Venne sostituito nella squadra con il rampollo di una reale famiglia araba. Gasdaq perse il 70% del suo valore complessivo e dopo un anno e mezzo fu l'11 settembre del 2001.

Dopo qualche anno la squadra di Andy Gung tornò al timone della finanza e fece la rotta fino al nuovo crack del 2008.

[2]

MTS: la fabbrica dello spread

L'argomento appare ammantato da fitte nebbie. È difficile trattarlo in linguaggio corrente in quanto le scarse fonti sono costellate da definizioni tecnofinanziarie angloamericane. La sua storia inoltre è innervata da scelte e decisioni politiche spesso inspiegabili. Una questione da iniziati veramente "esoterica", nella quale "pochissimi", come vedremo, hanno messo e mettono le mani. Una questione però da divulgare, in quanto ogni giorno i suoi esiti generano pesanti ricadute sugli Stati (ex sovrani) e sulle famiglie che abitano in Europa. Su milioni di individui che sono inconsapevolmente, ma al dunque, i "prestatori di ultima istanza" del debito sovrano e quindi i garanti dei cambialoni, detti BOT e CCT, che gli Stati danno alle banche in cambio di denaro.

Questa è la ministoria di sua maestà lo **spread** e del luogo virtuale dove i suoi valori oscillano incessantemente. Una storia che si è potuta sviluppare solo grazie alla dimensione digitale nella quale è nata e cresciuta. Una storia che, "stranamente", non è mai comparsa con la giusta evidenza nei media mainstream [▸ mainstream, pag. 92]. Una storia le cui origini risalgono ormai a 25 anni fa e i cui protagonisti rimangono grossolanamente "evocati". Li chiamano i **mercati**. Una definizione che assicura un'impermeabile anonimità... in particolare a uno dei mercati, il famigerato "secondario di Londra", anche noto nei pub della City come la casa di Jack lo Squartatore.

Se si effettuano delle ricerche, affiorano nel Web antiche tracce di gesti e decisioni rilevanti.

In un'intervista rilasciata a *Specchio economico* nel 2007 (http://www.specchioeconomico.com/200702/garbi.html), Gianluca Garbi, ex consigliere del Ministero del Tesoro, esperto finanziario con incarichi alla Banque Paribas e alla JP Morgan, collaboratore di Mario Draghi, afferma: «Nel 1988 il Ministero del Tesoro, per assicurare una corretta gestione dei titoli del debito pubblico e per indicare anche in modo trasparente i prezzi, istituì un mercato all'ingrosso dei titoli di Stato basato su un circuito telematico». Un **mercato all'ingrosso dei cambialoni di Stato?** Telematico? Quindi su reti digitali. E chi gliel'ha suggerito al Ministero del Tesoro nel 1988?

Garbi, attualmente amministratore delegato di Banca Sistema, conosce bene la questione perché giustappunto Mario Draghi, dieci anni dopo l'esordio di quel particolare mercato, lo nominò nel 1998 presidente del consiglio di gestione dell'**MTS** (**Mercato** dei Titoli di Stato). «Nacque così – continua Garbi – una vera e propria borsa del debito pubblico in cui ogni giorno vengono scambiati 110 miliardi di euro». Cioè ogni tre settimane viene comprato e venduto il valore equivalente al debito pubblico italiano.

MTS dunque. Un acronimo che all'origine significa Mercato Titoli di Stato. Se si chiede però oggi "MTS" a un motore di ricerca del Web si rinviene una definizione diversa, ancorché sovrapponibile. Ciò che appare infatti è: "MTS Group – Market of Treasury Security" (www.mtsmarkets.com) una società con uffici a Londra, New York, Milano e Roma che, grazie a un elegante sito-brochure, ci racconta una storia aggrovigliata ma molto interessante. Nonostante sia iniziata in Italia, la storia è narrata ed è rinvenibile solo in inglese.

È vero, conferma la brochure, «tutto comincia nel 1988». A quel tempo in Italia due importanti uomini politici, Giuliano Amato nel ruolo di ministro del Tesoro e Carlo Azeglio Ciampi nei panni di governatore della Banca d'Italia, hanno una folgorante intuizione, un *satori* degno dei grandi geni delle nuove tecnologie digitali: "Cominciamo a offrire titoli a reddito fisso emessi dallo Stato non più e non solo secondo le tradizioni, ma con le modalità offerte dalla contrattazione su reti informatiche. Ne abbiamo facoltà".

In pratica un mercato che, probabilmente ispirato dal successo di Nasdaq, che aveva debuttato nel

1985, si collocava nel solco della rivoluzione digitale in corso. Geniale! Degno, come dicevamo, di guru informatici ispirati da una chiara visione tecnofinanziaria. Un modo di comprare e vendere che, da quel momento in poi, avrebbe travolto ogni precedente rituale di scambio dei titoli di Stato.

I BOT, i CCT (e simili) dei nonni e delle zie rimaste vedove... quelli che sarebbero stati in seguito definiti "bond", diventavano *securities* trattabili e scambiabili a grandissime velocità in ambiente "digitale ubiquo". Una parte degli scambi si continuava (e si continua) a fare "a voce", ma la tendenza da accreditare era (ed è) quella di usare al massimo i sistemi online. Fin qui tutto bene.

L'MTS era stato "inventato" dagli italiani e restava di proprietà e sotto il controllo degli italiani.

Per quattro anni si procede, per fasi progressive, alla sperimentazione-evoluzione del sistema. Nel 1992 l'MTS consolida l'uso di una piattaforma proprietaria che diventa il suo vero pezzo forte. Nel 1994 vengono introdotti sistemi di controllo ulteriori. Nel 1997 lancia il mercato elettronico delle *repo transactions*, i "pronti contro termine".

Il 1997 è anche l'anno della prima svolta. Nel 1998 l'MTS viene privatizzato, ovvero trasformato in soggetto giuridico di diritto privato. Per l'esattezza una SpA, di proprietà di 52 istituti bancari, operante comunque sotto la supervisione della Banca d'Italia, del Ministero del Tesoro e della Consob.

È a questo punto che entra in scena Gianluca Garbi. Sotto la sua guida l'MTS continua a svilupparsi e comincia a rappresentare un modello in diversi Paesi d'Europa e nel mondo. Addirittura sostiene l'attivazione e assume partecipazioni di alcuni mercati locali simili, interfacciando 250 istituzioni finanziarie. Un primato! Un successo che, nel mondo, tutti ci invidiano. Strano ma vero: oltre che per la pizza, la moda, la mafia e il bel canto, gli italiani (alcuni italiani) assumono la leadership in uno dei settori più strategici della contemporaneità. E tutto nell'assordante silenzio dei media italiani. Il valore della società passa da 6 milioni a 245 milioni di euro. Fantastico!

«A partire dal 1999 – continua Garbi nella sua intervista – il modello MTS è stato esportato in tutti i Paesi dell'area euro in seguito alla creazione di una piattaforma paneuropea, l'EuroMTS.»

Nel 2001 l'MTS SpA si fonde (*merges*) con l'EuroMTS. Nel 2003 viene lanciato l'indice EuroMTS: «Primo indice di titoli statali per l'area dell'euro – continua Garbi – calcolato in tempo reale e totalmente indipendente e trasparente». Vengono anche avviati il New EuroMTS e l'EuroGlobal MTS. Il primo per lo scambio di bond denominati in euro ed emessi dai governi entrati a far parte dell'UE. L'altro per lo scambio dei bond emessi da governi non UE.

Un'insalatona ricca. Veramente appetitosa. Non c'è che dire. Tant'è che comincia a suscitare gli appetiti dei Moloch. «Nel novembre 2005 – dice Garbi – Euronext N.V., che raggruppa le borse di Parigi,

Amsterdam, Bruxelles, Lisbona, il Liffe e Borsa Italiana, acquisice la maggioranza della MTS SpA. [...] Sul tavolo sono arrivate ben 17 offerte d'acquisto e oggi l'azionista di maggioranza, attraverso la holding MBE, è il gruppo formatosi tra la borsa di New York e l'Euronext». E qui l'MTS smette di parlare e tenere conti in italiano. Comincia a sciogliersi nel grande mare della finanza globalizzata. Perché? «La fusione con Wall Street – dice Garbi – potrebbe portare ulteriori opportunità di crescita per tutto il gruppo». Potrebbe!

In effetti il 2006 è un anno record: i volumi di compravendita aumentano del 13,5%; la società registra un EBIT (guadagno prima delle tasse) di oltre 16,7 milioni di euro; mantiene la leadership nel mercato *interdealer* e nel settore reddito fisso europeo, attira addirittura gli interessi della borsa cinese e lancia MTS Israel, che in poche settimane raggiunge volumi di scambio superiori al miliardo di euro. "L'alchimia funziona" dicono i boss, "vediamo come tramutare in oro i sogni e i bisogni della gente".

Da quel momento si crea infatti una specie di bacino virtuale, un lago digitale di bond, alimentato dall'esigenza degli Stati di ottenere denaro in una stagione in cui non possono più stampare moneta. È qui, al mercato secondario MTS, che si rivolgono gli Stati che hanno adottato l'euro, più ogni Stato che sta per adottarlo (era il tempo della Slovenia), più Israele. È qui che si trattano le emissioni a reddito fisso.

È qui che le banche manifestano il loro interesse ad acquistare. Usiamo l'espressione **lago digitale** perché, secondo alcuni analisti birboni, la configurazione assunta a quel punto dall'MTS avrebbe potuto favorire una vera e propria mattanza, in cui alcuni Stati giocavano la parte dei tonni e le reti dei compratori (vedremo poi chi) giocavano la parte delle tonnare. E tutto per una brillante intuizione degli italiani. Però!

In quei giorni, Garbi così commentava orgogliosamente:

> Oggi ogni Stato che adotta la moneta unica si rivolge all'MTS per la gestione del mercato secondario. [...] Io ho sempre voluto sottolineare la capacità di una società italiana di rivestire una posizione di leadership internazionale. [...] Il mercato europeo dei titoli di Stato oggi ha sede in Italia, così come la BCE si trova a Francoforte e il Parlamento europeo a Strasburgo. [...] Anche per questo ho sempre insistito affinché vi fosse personale preparato di diverse nazionalità e di varie culture. Ve ne sono rappresentate ben 17. L'85% parla almeno due lingue, l'età media è 34 anni, il 50% è costituito da donne.

Meraviglioso!

Stando a Garbi, dunque, l'MTS ancora nei primi mesi del 2007 aveva sede in Italia. Quanto fosse italiano è discutibile, visto che la maggioranza – a suo dire – era finita nelle mani di Wall Street-Euronext... però il timone restava in mani italiane.

La torta, come sempre, era infarcita di parolone quali "opportunità di crescita", "politiche globali delle grandi borse", "sviluppo della liquidità", "trasparenza", "efficienza", "partnership strategiche" ecc., gli abituali mantra della liturgia tecnofinanziaria praticata dalle élites.

Ma la tecnologia tricolore era in grado di assicurare l'innovazione richiesta? «Purtroppo l'Italia importa nuova tecnologia – rispondeva sull'argomento Garbi – tuttavia per noi questo non è un freno ma uno stimolo». In realtà non era proprio così.

Nel 2007, nonostante l'orgoglio e le aspettative di successo italiano sbandierate da Garbi, Borsa Italiana, che possedeva il 60,37% di MTS SpA, si fonde con il London Stock Exchange e si crea il London Stock Exchange Group. Perché? Ancora: "opportunità di crescita", "politiche globali" ecc. Qualche analista birbone invece dice seccamente: "sudditanza finanziaria", "ordini di lobby transnazionali", "interessi personali".

Non è la prima volta che qualcuno aveva adombrato questa triste ipotesi. Già nella seduta del 6 aprile 2005, in un'interpellanza parlamentare (http://documenti.camera.it/_dati/leg14/lavori/stenografici/sed607/bt33.htm) a pagina 18654, l'on. Aldo Perrotta affermava:

Dopo la privatizzazione del 1997 la MTS ha conquistato la leadership mondiale tra i listini dedicati ai bond governativi; attualmente però il 54% delle azioni sono in mano a una società estera; il controllo in mano straniera potrebbe portare a crisi come quella della Citigroup; l'Italia non deve abbandonare più "pezzi di competenza" di finanza.

E l'interpellanza concludeva con il classico appello: «... se non sia il caso di adottare iniziative...».

Aldo Perrotta, deputato di Forza Italia eletto a Napoli, era considerato un personaggio "pittoresco", però... aveva visto giusto. Sarebbe stato eccome il caso di adottare iniziative ma, come spesso accade in Italia, nonostante gli allerta, il danno si compie puntualmente. Tanto puntualmente che sembra programmato. I media, nel frattempo, distolti da altro, si guardavano bene dall'informare e commentare. Tutto normale.

I boss del London Stock Exchange Group a questo punto, inevitabilmente, strapparono il timone dalle mani italiane e lo affidarono a mr. Jack Jeffery. A settembre del 2009 l'uomo, che dal 1990 al 2001 era stato manager director della Citigroup, considerato un grande esperto di digital brokerage e reduce dall'incarico di direttore generale di una società detta (guarda caso) SuperDerivatives, si siede al tavolo di comando della MTS che, come abbiamo visto ormai è diventata Market of Treasury Securities e conferma: «Il volume di scambio è in crescita: due trilioni di euro l'anno». Una bella cifretta.

«La sua nomina è voluta da Xavier Rolet», potente chief executive della LSE. «La sua missione – scrive in quei giorni il Financial News online (http://www.efinancialnews.com/story/2009-09-22/lse-

moves-to-win-over-banks-with-mts-hire) – è placare
le grandi banche d'investimento che nel 2008 hanno
protestato perché il mercato dei bond è stato aper-
to ad altri soggetti finanziari, tra cui i temuti *hedge
funds*». Jeffery è tutto contento e dice che c'è tanto
da lavorare «grazie al livello record di indebitamento
dei governi in tutta l'eurozona». Cioè: più si va verso
il tracollo, più noi diventiamo ricchi.

Dal 2010 al 2012 la nuova MTS elabora procedure sempre più complesse per la gestione online delle
compravendita e acquisisce quali "clienti" l'Ungheria
e la Repubblica Ceca, portando così a 17 il numero
totale degli Stati europei che chiedono denaro alle
banche attraverso l'MTS.

A questo punto è bene farsi alcune domande. La
scena operativa si è trasferita definitivamente alla City
di Londra, sappiamo che tra London Stock Exchange
e Nasdaq ci sono stati in passato accordi e addirittura
progetti di fusione; sappiamo che gli intrecci proprie-
tari nel mondo dell'alta finanza conducono a grovigli
impenetrabili... ma ufficialmente di chi è la MTS?
La brochure risponde che «la proprietà include i
seguenti azionisti» (http://www.mtsmarkets.com/
About-Us/Corporate-Information) e pubblica la lista di una ventina di banche che sono, ovviamente, le
maggiori banche del mondo occidentale o loro rami
(JP Morgan, Barclays, Deutsche Bank, Credit Agricole, Royal Bank of Scotland, BNP Paribas, HSBC,
ABN AMRO, Citigroup, Natixis, Goldman Sachs,

Société Générale, Citibank, UBS, Merrill Lynch, Commerzbank, Credit Suisse).

E gli italiani? Dove sono finiti gli "inventori", i nipotini di Amato, Ciampi, Draghi? Quelli che – a detta di Garbi – l'hanno fatta grande?

Ci sono. State tranquilli, ci sono. In testa c'è Borsa Italiana SpA, seguita da Intesa San Paolo, Sella, Mediolanum, Cassa di Risparmio di Rimini, Banca Popolare di Sondrio, Banca Popolare di Bari, Unibanca, Corner Sim e BCC di Roma. La composizione azionaria al momento non ci è dato sapere. Ci si chiede però: "Come mai, a ridosso di giganti mondiali, trovano posto un numero relativamente così grande di piccole banche italiane? Qual è il loro ruolo nelle decisioni prese dal board e quali i vantaggi all'Italia che dovrebbero derivare dalla loro presenza?". Non sappiamo. Si auspica un dibattito pubblico che però non è mai stato ancora iniziato.

In ogni caso chi opera nel lago digitale dove ogni giorno si ammassano un centinaio di miliardi di euro-tonni-bond? Questo più o meno si sa. A grandi linee, un drappello dei sei maggiori istituti di credito (Barclays, Deutsche Bank, RBS, Credit Agricole, JP Morgan e Société Générale) si siede al tavolo delle prime contrattazioni e valuta le offerte di bond dei 17 Stati. È ovvio che i rappresentanti delle banche sono quelli che "fanno il prezzo". È ovvio che il governo della nazione che mette all'asta i propri titoli di Stato vive una certa ansia in attesa dell'accettazione o meno delle proprie richieste. È ovvio che ogni cinque minuti che passano, ogni mezz'ora che passa, ogni dubbio, ogni verifica richiesta dai compratori, abbassa il prezzo e/o alza il tasso di interesse. È ovvio che i compratori hanno un'influenza indebita e spropositata sui governi e sui popoli che i governi rappresentano.

La contrattazione è complessa. Vi confluiscono molti elementi determinati dalle economie locali e dai giochi della finanza globale. Ma intervengono anche valutazioni di natura propriamente politica e talvolta addirittura militari. Al dunque, tutto si fonda su un concetto molto astratto: l'affidabilità di un governo. Un concetto che però diventa concreto quando "affidabilità" si traduce in "capacità di un governo di far pagare ai cittadini i debiti che hanno contratto i governi che lo hanno preceduto".

I grandi compratori mettono a disposizione di un gruppo di altre trenta banche i titoli che si stanno trattando. Le trenta banche mettono a disposizione di circa mille istituti di credito, disseminati sui territori, i bond che sono stati acquistati. In quei lunghi momenti il batticuore dei ministri delle Finanze e del Tesoro aumenta a dismisura. In quei momenti, grazie a velocissime contrattazioni online, alle quali – come abbiamo visto – vogliono avere accesso solo istituti bancari, si succedono sequenze di prezzi tali che, alla fine del processo, il titolo è disponibile agli sportelli delle banche medesime per essere offerto (in gran parte) a quegli stessi cittadini-risparmiatori, che sono in definitiva sia i produttori del PIL che i garanti del debito del loro Stato.

In quei momenti, i grandi compratori dirigono il traffico di sterminati flussi strategici ridotti a sequenze di zero e uno, decisamente vitali per gli Stati. Flussi che secondo alcuni analisti non escludono ardite manipolazioni informatiche. In quei momenti, i grandi compratori hanno facoltà di sostenere o mettere in difficoltà i governi. E lo fanno inevitabilmente privilegiando i propri interessi. E lo fanno – spesso – chiedendo ricadute e privilegi su quei territori che hanno bisogno di accedere al credito. "Privatizza questa azienda... Fammi comprare quest'altra... Ostacola la produzione in questo settore... Rallenta quella legge, accelera quest'altra...". Si chiama **perdita di sovranità** e **globalizzazione digitale passiva**. Ci siamo dentro fino al collo. Chi più, chi meno, ci sono dentro tutti i Paesi di Eurolandia.

È all'MTS, fra l'altro, che s'innesca la miccia dello spread. Al variare del comportamento dei grandi compratori, questo valore-parametro oscilla su e giù. Lo spread si ottiene dal rapporto tra il tasso di interesse applicato ai bond di una nazione di Eurolandia e quello equivalente applicato alla Germania. La Germania infatti ha ottenuto lo status di Paese di riferimento. Perché? Perché altrimenti non entrava nell'euro. La miccia dello spread è tremenda. Quando il suo valore cresce, brucia velocemente, si avvicina pericolosamente alla bomba bancarotta e giustifica rimozioni di primi ministri e membri dei governi, emergenze "tecniche", perverse e frettolose manovre finanziarie, licenziamenti di massa, suicidi, proteste di piazza e conseguenti scontri con morti e feriti.

La scena è decisamente paradossale. Come si è giunti a tutto ciò? Come si può pensare di sostituire la giusta esigenza di un popolo di sopravvivere dignitosamente, magari andando a deficit come fanno tutti quelli che ancora possono, con il gioco usuraio sul bisogno indotto? Come si può pensare che un debito pubblico palesemente iniquo e gonfiato, accumulato in modo cinico, incauto e avido dai governi che si avvicendano, debba e possa essere ripagato con privazioni, lacrime e sangue dai cittadini? Come si può giustificare che tale debito pubblico è raddoppiato nella sola Italia, dal 1994 a oggi, passando da 1000 a 2000 miliardi di euro? Come si può sopportare che le sorti dei popoli, sottratte ai parlamenti, siano finite nelle mani di mercanti anonimi, diabolici alchimisti che tramutano le nostre vite in oro per le loro casse?

Anche questo è il digitale, bellezza!

[3]

Il caso
Assange-Anonymous

Qualche tempo fa (2007-2010), con il caso Assange-Wikileaks, si è definitivamente sgretolato il principio di autorevolezza e il marchio della verità sul quale si fondavano i media classici è finito nella soffitta della storia. Perché?

1) Perché lo spazio-tempo del sistema di distribuzione e diffusione, che consentiva alla gerarchia degli addetti (ai media classici) di operare selezione, aggiustamenti e controllo delle fonti e dei loro scopi, si è rivelato ormai troppo angusto, lento e privo di interazioni.

2) Perché l'abbacinante potenzialità vero-falso e la non localizzazione delle fonti di Wikileaks erano esaltate e incontrollabili come mai prima.

3) Perché il fenomeno ondulatorio nel Web ha innescato uno tsunami di informazioni (inarrestabili sequenze di zero e uno) che si è riversato su centinaia di milioni di PC, tablet e smartphone del pianeta.

Già da qualche anno, fenomeni di questo genere erano stati adombrati grazie alla comparsa in progress nel Web dei contenuti generati dagli utenti (blogger [▸ blog, blogger, pag. 86], YouTube, Facebook, Twitter ecc.), alcuni dei quali, talvolta in modo inoppugnabile, si sovrapponevano e contrastavano le fonti autorevoli classiche (grandi agenzie e media mainstream).

Se questi utenti però, da cittadini virtuali delle diverse comunità del cybermondo, da individui che producono prevalentemente intrattenimento, si tramutano in attivisti dissenzienti, cioè hacker che dichiarano una cyberguerra, c'è da sospettare che Wikileaks e Anonymous siano solo gli avamposti di un esercito invisibile. Se tali avamposti giungono ad attaccare, nei loro domini digitali, sia le maggiori fonti e marchi classici di autorevolezza (Casa Bianca, Vaticano ecc.) sia i maggiori soggetti responsabili della circolazione di denaro nel Web (PayPal, Visa e Mastercard), significa che lo scontro tra old classic world e new digital world è conclamato e che l'attentato di Assange & Co. alle verità ufficiali e soprattutto agli omissis ufficiali è reso possibile non solo dalla nascente forza del Web, ma anche dalla conclamata debolezza e inadeguatezza dei media classici.

Ancora ispirandosi a Heisenberg[1] si può dire che nel cyberspazio/Web le fonti e le azioni divulgative, oltre ad avere alcune proprietà tipiche delle onde,

---

1 Cfr. G. Benigni, *Né vero né falso. Nella Rete il dubbio è inevitabile – Web nostrum #2* (cap. 7: "Le domande giuste"), goWare, 2015.

non sono fisicamente individuabili e non possiedono una ben definita coppia posizione-momento, tanto più che l'indeterminazione è rafforzata perché risiede nella struttura stessa del sistema planetario di distribuzione che non è regolato da una governance globale, ma da un mosaico di leggi parziali.

Dobbiamo aspettarci pertanto che – a meno di una selvaggia repressione, purtroppo in corso – il mondo del determinismo causale, nel quale sono cresciuti i media classici, sarà costretto a cedere in progress il passo a quello dell'indeterminismo e del caso, ovvero della Rete digitale.

Torniamo ad Assange, da molti ritenuto il primo grande eroe del Terzo millennio e da tanti altri invece ritenuto un CIA-ltrone e un CIA-rlatano e quindi un agente agli ordini di chissà chi. L'uomo, che si autodefinisce anarchico, libertario e *cypherpunk*, e la sua organizzazione Wikileaks compaiono nella scena, quasi dal nulla, nel 2006, con prime rivelazioni circa un complotto per assassinare membri del governo libico. Da notare che il 2006 è un anno di grande "fioritura" per il Web. È in quest'anno infatti che sia YouTube che Facebook consolidano il ruolo di comunità planetarie.

Al suo debutto su grande scala, Wikileaks si auto-presentava così:

Wikileaks è stato fondato da dissidenti cinesi, da matematici e da compagnie tecnologiche startup, in vari centri che includono Taiwan, l'Europa, l'Australia e il Sudafrica. Il nostro gruppo di consiglieri è ancora in formazione e include rappresentanti di espatriati russi e comunità di rifugiati tibetani, giornalisti, un ex analista dell'intelligence nordamericana e crittografi. Attualmente vi sono 22 persone che mantengono un impegno diretto e che sono di fatto incluse nel progetto.

L'anno seguente, il sito Wikileaks pubblica altre rivelazioni riguardanti sia l'equipaggiamento militare in Afghanistan, sia il comportamento a dir poco scorretto delle truppe di pace in quel territorio e apre finestre sugli orrori di Guantanamo. Il tutto è condito da milioni di intercettazioni telefoniche che coinvolgono il mondo che conta: dagli hacker cinesi incaricati dal proprio governo di attaccare Google, ai politici di diverse nazioni che straparlano. Le informazioni messe in circolazione creano uno scompiglio senza precedenti nell'intero Vecchio Mondo e scuotono la già scossa opinione pubblica. «Percossa e attonita la terra al nunzio sta. Muta» e, di fatto, impotente. Nel 2008 il sito viene chiuso e poi riaperto.

Il 2010 è l'anno cruciale. A luglio, grazie anche alla partecipazione di due importanti quotidiani e di un settimanale, quali *New York Times*, *The Guardian* e *Der Spiegel*, Wikileaks documenta l'uccisione di civili nel corso delle guerre sporche di Bush jr. e l'occultazione di cadaveri. A ottobre il mondo ha accesso alle comunicazioni riservate, intercorse tra il 1966 e il 2010, tra 274 ambasciate USA e il governo di Washington. Ciò che appare è una storia iperreale ma molto, molto verosimile, che sembra un mega film di Hollywood o una losca serie TV patinata in cui si decida di vuotare il sacco, come talvolta avviene, mascherando il tutto da fiction. I protagonisti sono più o meno tutti gli appartenenti alla minoranza dominante del pianeta: importanti primi ministri quali Putin, Sarkozy e lo stesso Berlusconi vengono sputtanati bellamente, il ruolo doppiogiochista dell'Arabia Saudita e del Pakistan, nella partita tra USA e Al Qaida, viene a galla nei dettagli; alcune multinazionali farmaceutiche, tra cui la Pfizer, vengono esposte alla gogna per crimini contro l'umanità; si scoprono i controlli che Hillary Clinton tenta di esercitare sui membri influenti delle Nazioni Unite, e tanto altro. Ovviamente a quel punto Julian Assange viene arrestato.

Il biondo arcangelo della giustizia digitale, detto da alcuni "san Michleaks", finisce in una strana situazione alla periferia di Londra, controllato dai servizi segreti britannici che non si capisce bene cosa vogliano farne. Wikileaks viene definitivamente oscurata, ma riesce a riposizionarsi su 1600 server sparsi nel pianeta. Oltre a ciò, lancia una campagna immensa su Twitter attivando decine di migliaia di mirror (punti di accesso e visualizzazione) che nascono e muoiono in continuazione utilizzando indirizzi difficilmente rintracciabili. Il dipartimento della giustizia USA cita Twitter in giudizio. È una vera cyberguerra, all'apparenza però priva di vincitori e vinti.

In un gioco serrato di webguardie e webladri, nel 2011 Assange, che rischia di essere estradato in Svezia, dove pende sul suo capo una condanna per stupro, riesce a divincolarsi dal controllo dei britannici e lo ritroviamo esule politico all'interno dell'ambasciata dell'Ecuador a Londra. Maestoso colpo di scena degno dei migliori sceneggiatori creativi esistenti. Da questa inspiegabile quanto equivoca postazione geopolitica, situata addirittura nel quartiere di Mayfair, cioè nel cuore della capitale britannica, nel corso degli anni recenti, e tutt'ora (2015), Assange continua a dirigere la sua organizzazione e a tessere relazioni internazionali. Russia Today addirittura nel 2012 lo ha utilizzato per la produzione di un talk show sulle questioni bollenti nel pianeta, *The World Tomorrow*, che è andato regolarmente in onda e in Rete (in Italia su Repubblica.it). Che dire? L'uomo ufficialmente fa sapere di essere protetto da una specie di "assicurazione" (così la definisce) molto classica. In sostanza: "Se mi fate sparire, milioni di informazioni che io ho affidato ai miei collaboratori più segreti verranno messe in circolazione e cadranno molte teste di potenti". Ma è pensabile che un tale timore impedisca ai diversi governi che lo vorrebbero acciuffare di agire in modo efficace? Di certo c'è tanto altro nel mistero Assange, ma attualmente la sua vicenda sembra quasi aver raggiunto un equilibrio sostenibile tra poteri noti e poteri ignoti/occulti.

Wikileaks continua a far gocciolare (*to leak*) informazioni rilevanti che dovrebbero andare a sollecitare azioni e reazioni imponenti. In realtà ciò che cambia veramente, ciò che si ridisegna e ciò che non cambia affatto, non ci è dato sapere. Assistiamo ormai disincantati alle puntate della serie "Assange contro tutti" come se lui fosse un Houdini che riesce sempre a liberarsi dai legami; come se fosse un Robin Hood che ruba informazioni ai ricchi per darle ai poveri; come se fosse Lenin in Svizzera in attesa che il primo botto del 1905 divampi nell'incendio devastante della rivoluzione del 1917.

L'ultima rivelazione apocalittica è di giugno 2014.

Un accordo segreto tra influenti rappresentanti di 24 o 50 nazioni (al variare delle fonti) punta a smantellare il ruolo dei governi nella finanza e dovrebbe lasciare mano libera ai mercanti delle corporation. L'accordo si chiama TISA (Trade in Services Agreement) e sarebbe in grado di determinare le politiche economiche in chiave ultraliberista evitando le discussioni in merito in seno ai parlamenti. Il TISA sarebbe ampiamente intrecciato al TTIP e le nazioni aderenti al BRICS (Brasile, Russia, India, Cina e Sudafrica) ne sarebbero fuori.

Detto così potrebbe anche essere vero. Tra le tante guerre ce n'è una in corso tra (pezzi di) governi e (pezzi di) mondo mercantile (finanza, banche, corporation). A questo punto c'è sempre qualcuno al quale le rivelazioni di Wikileaks fanno comodo. Da quella strana postazione che è l'ambasciata ecuadoregna nel cuore di Londra si possono fare alcune operazioni strabilianti.

> *The answer, my friend, is blowing in the Web.*
> (La risposta, amico mio, sta soffiando nel Web.)

[4]

Il caso Snowden

Hong Kong, giugno 2013. «La mia paura più grande – diceva Edward Snowden all'intervistatore di *The Guardian* che gli piantava in faccia la telecamera in un'anonima stanza d'albergo – è che niente cambi». Che tragica, iperrealista visione della storia!

Per autoconservarsi, il potere, da che se ne ha memoria, ha usato a suo favore ogni complessa ed estrema informazione e ogni strumento e facoltà noti alla specie umana. Sul piano strategico: le conoscenze militari, tecnologiche, chimiche ecc. Sul piano tattico: la tortura, l'ipnotismo, la menzogna ben orchestrata, il doppiogioco ecc. Laddove scoperto, il potere, nelle democrazie contemporanee, giustifica il suo operato affermando che lo fa per la sicurezza del popolo che lo ha chiamato a governare. E il popolo, complice inebetito, fa finta ogni volta di sorprendersi e di indignarsi quando le informazioni, gli strumenti, le facoltà, i metodi orrendi e impensabili vengono resi noti.

È la grande politica del **tabù**. "Io so che tu sai e so che farai finta di non sapere e che eviterai di parlarne, perché altrimenti dovresti riconoscere e accettare la tua misera condizione di microbo galattico e suddito impotente".

Qualcuno dice: "Questa storia supera la fantasia. E poi... lo sapevano tutti!".

Non è vero! Non lo sapevano "tutti". Ma lo intuivano quasi tutti e lo sapevano in moltissimi. È il dopo Echelon, è la coda di Wikileaks. Era un tabù classico. Come la pedofilia praticata dai preti nei secoli, come le attività segrete dei Bilderberg & Co., come gli accordi tra Stati e mafie, come l'esistenza dei bambini schiavi ecc.

I tabù e l'omertà vanno a spasso a braccetto nella storia e nella geografia, generando al loro intorno un'aura di perverso silenzio, fin quando talvolta non inciampano, scivolano... e cadono. A quel punto il perverso silenzio si tramuta in un picco di frastuono mediatico che qualcuno tenta di usare a proprio vantaggio. Di solito è un contropotere quello che predispone la buccia di banana... Talvolta però è un candido individuo che, trafitto al suo letto insonne dagli strali di una coscienza (forse ormai fuori moda, ma forse insopprimibile), ispirata ai grandi valori astratti della giustizia, verità, trasparenza ecc., se ne fa portabandiera ed è pronto a sottrarsi al peccato di falsa testimonianza con parole e azioni. Tanto più il "candido" è disposto alla morte o alla sofferenza estrema, tanto più è efficace e pericoloso per il potere. Una volta li chiamavano eroi e a loro talvolta veniva affidato il destino dei popoli. Oggi in molte nazioni li arrestano, li torturano, li vegetalizzano, li "suicidano".

Il caso Boundless Informant-datagate-Edward Snowden è uno di questi casi. S'inscrive nella nuova scena globalizzata in cui si sono mossi gli Assange, i Bradley Manning, gli Anonymous, i Greenpeacer che vanno all'arrembaggio dei cacciatori di balene, gli attivisti animalisti che si battono contro la vivisezione e tanti altri. Edward non è "una talpa", non è "un informatore", non è un ex agente della CIA; è un *whistleblower*, uno "scoppiato" a causa della pressione alla quale è stato esposto per anni, che invece di andare dallo psichiatra ha scelto una soluzione epica. Edward in realtà, basta guardarlo, è un nerd: un prodotto antropologico dell'era Internet. Ha trent'anni, è un nativo digitale, uno che è nato con la tastiera e il joystick in mano. Nella sua breve esistenza è già stato – come dice lui – informatico per la CIA e, prima del casino delle rivelazioni, *infrastructure analyst* per la NSA [► NSA, pag. 93]. Ma, molto importante, Edward non è un dipendente né della CIA, né della NSA. Lui lavorava per un contractor, una società che si chiama Booze Allen Hamilton che ha un appalto dalla NSA per occuparsi di sicurezza, controllo, produzione e archiviazione di dati e metadati. Ma sì, il film è quello: big data!

Edward guadagnava 200.000 dollari al mese (non sappiamo se netti o lordi), aveva una fidanzata e passava le giornate in un ufficio luminoso, con l'aria condizionata, alle Hawaii, seduto al computer a fare lo spione... E allora? Stando a queste premesse doveva essere per forza contento e soddisfatto? Doveva per forza essere d'accordo con i suoi datori di lavoro e amare quel lavoro di merda che faceva?

Un giorno (non sappiamo quando comincia la sua crisi) Edward comincia a parlare con i suoi colleghi: "Ma sarà giusto che noi possiamo e dobbiamo archiviare tutte queste conversazioni telefoniche? Ma sarà giusto che Facebook e Twitter ci passano le chiavi di accesso ai profili dei loro utenti e noi assistiamo alle loro chat [▸ chat, pag. 87], conosciamo le loro più intime rivelazioni, sappiamo tutto della loro rete di relazioni?". "Ma chi se ne frega! – gli rispondevano i colleghi – Fatti un pippo di coca". Ed Edward si è sentito sempre più solo, in un gruppo in cui il cinismo dominava su ogni altra considerazione e valore.

"C'è una cazzo di legge, – gli ricordavano – tutto funziona così perché Bush nel 2001 si è inventato il Patriot Act e Obama nel 2008 l'ha integrato. Noi siamo autorizzati a verificare chi è terrorista, chi studia da terrorista, chi fiancheggia i terroristi, chi sta per mettere al mondo un terrorista...".

Ma Edward, da bravo Amleto digitalizzato, nel proprio labirinto di indeterminazione era lacerato dai dubbi: "Non sarà che a forza di archiviare dati, a forza di costruire profili sempre più dettagliati, si produce un database talmente complesso e interpretabile che potrebbe consentire di affibbiare a chiunque la definizione di terrorista? Solo perché magari un giorno ha sbagliato a comporre un numero di telefono. Solo perché è andato a vedere il sito di qualche imam che in seguito si è scoperto addestrava combattenti alla guerra santa. Solo perché su YouTube ascoltava le compilation di gruppi punk che incitano alla rivolta sociale. Solo perché ha sottoscritto una petizione online contro l'uso dei droni?".

Il mondo è dominato dal tecnoimperialismo, Edward, più di altri, lo sapeva bene e, a un certo punto, ha ritirato la fiducia. E certo. Come puoi fidarti dell'integrità della CIA e della NSA quando vedi su YouTube certi video in arrivo dai fronti di guerra... quando capisci che quelli di Hollywood ti dicono bei pezzi di verità, ancorché mascherata da fiction?

> Se avessi voluto, nel mio ruolo e con l'autorità di accesso che avevo – diceva Edward a *The Guardian* – avrei potuto vendere dati sensibili al mercato aperto, ai russi. Avrei potuto rivelare le location di basi segrete, i nomi degli agenti sul campo, avrei potuto mettere fuori gioco l'intero sistema di sorveglianza... ma non l'ho fatto. Io non voglio recar danno agli USA. Ho voluto sottoporre all'opinione pubblica una situazione in atto. Quella relativa al controllo degli individui. Credo che l'opinione pubblica debba esprimersi sull'ipotesi che alcune attività della NSA stiano potenzialmente sovvertendo la democrazia.

Candido! Ineccepibile. E in effetti non lo crede solo lui.

Dopo la sua fuga dagli USA, una commissione di senatori, sia democratici che repubblicani, ha convocato al Campidoglio a Washington il capo della NSA, generale Keith Alexander, e per un paio d'ore lo ha spremuto ben bene. "Ci spieghi!" gli hanno detto. Candidi! Anche loro.

«Grazie al sistema di sorveglianza – ha risposto Alexander – abbiamo sventato dozzine di attacchi terroristici». E ti pareva! Magari è pure vero. I dettagli però non sono stati resi noti. «Piuttosto che mettere in crisi la sicurezza di questo Paese, preferisco far credere che io sto nascondendo qualcosa». Candido! Anche lui "indeterminato".

Comunque, se non altro la scena si è un po' chiarita. I programmi di sorveglianza sono due. E sono tra loro ufficialmente distinti. Il primo, quello che sta creando il massimo dei guai a Obama, è autorizzato dalla sezione 215 del Patriot Act e «giustifica la raccolta di milioni di registrazioni telefoniche di cittadini USA, ma non consente di esaminare il loro contenuto», così diceva Alexander. E così diceva anche il presidente in TV: «Per esaminare il contenuto ci vuole l'autorizzazione del magistrato federale». A quali condizioni si ottiene questa autorizzazione non ce lo dice nessuno. Motivi di sicurezza, ovviamente.

«L'altro programma – continuava Alexander – è autorizzato dalla sezione 702 del 2008 Fisa Amendament Act. È noto come Prism, riguarda le comunicazioni online di coloro i quali si ritiene non siano su territorio USA». Spiegazione a dir poco "nebbiosa". Che si intende con "comunicazioni online"? Tutto: email, chat, appelli su Facebook, siti, videochiamate, petizioni ecc.? E soprattutto, che vuol dire "coloro i quali si ritiene non siano su territorio USA"? Chi "ritiene"? Probabilmente Alexander fa riferimento all'indirizzo IP di origine delle comunicazioni online. Se è "off-USA" allora va bene, "registrate a più non posso". La logica è: ogni utente della rete Internet "off-Usa" è un potenziale terrorista, amico di terroristi, parente di terroristi. E comunque noi possiamo tenerlo sotto controllo perché ogni indirizzo IP del mondo lo dà il nostro Ministero del Commercio attraverso l'ICANN [▶ ICANN, pag. 91]. È ovvio che tutta questa storia si inscrive nel grande scenario della cyberguerra. Non è un caso che la Cina stia cercando di ottenere i prossimi IP di nuova generazione dall'agenzia dell'ONU ITU [▶ ITU, pag. 91] a Ginevra e non vuole più rivolgersi all'ICANN.

E quindi questa considerazione autorizza qualcuno a pensare che Edward sia al soldo dei cinesi. Vero? Falso? Perché no!

Fra l'altro: perché sarebbe andato a Hong Kong? Poteva andare – come gli suggerisce Assange – in Sud America. O accettare – come ha fatto in seguito – un invito dei russi. In effetti questo viaggio a Hong Kong poteva apparire un po' strano. Edward ci sarebbe arrivato addirittura tre settimane prima del botto e si sarebbe fermato per tutto questo tempo in un lussuoso albergo che ha lasciato poi per destinazione ignota. Lui affermava che la scelta di Hong Kong era motivata dal fatto che «la città ha una lunga tradizione di difesa della libertà di espressione». Una conferma a questa tesi giungeva dalle dichiarazioni di undici organizzazioni di attivisti dell'ex protettorato britannico, quasi tutte ONG per i diritti umani, le quali avevano organizzato una manifestazione a suo sostegno.

«Bisogna rispettare gli standard legali internazionali e le procedure relative alla protezione di Snowden, – dicevano – condanniamo il governo degli Stati Uniti per la violazione dei nostri diritti e della privacy». Avevano ragione. C'è poco da dire. Il governo USA comunque continuava a valutare come utilizzare l'accordo di estradizione che aveva siglato con Hong Kong nel 1996, accordo che prevede però il veto della Cina (ecco là!) e la protezione per i fuggitivi che sono esposti a persecuzione politica e a eventuali torture. Bradley Manning docet.

Tutto questo l'abbiamo saputo dalla Rete ed è stato in gran parte smentito dai media mainstream.

Ma torniamo al generale Alexander torchiato dai senatori, il quale affermava: «Certo era difficile tenere distinti i due programmi e dar credito all'uno, se contribuiva all'investigazione, senza dar credito all'altro. In realtà si intrecciavano». In sostanza: se controllo miliardi di comunicazioni online che arrivano da off-USA, come faccio a non controllare anche i destinatari che stanno in USA? Un problemino tecnico non da poco. Il povero generale Alexander e i suoi uomini, al dunque, erano responsabili di 97 miliardi di "pezzi di intelligence" in arrivo dai computer del mondo. L'Iran appare essere il maggior controllato con 14 miliardi di pezzi, seguito dal Pakistan con 13,5, dalla Giordania con 12,7, dall'Egitto con 7,6 e dall'India con 6,3 miliardi di pezzi. Una vitaccia. Non ti puoi fidare di nessuno! Stranamente il dato sulla Cina, che ha provocato l'ennesimo conflitto diplomatico tra le due superpotenze, non è – ancora – stato rivelato.

Oh baby, baby it's a Wild Web World!
It's hard to get by just upon a smile

«Ogni volta che la NSA aveva ragionevoli sospetti su una persona che poteva essere coinvolta in attività terroristiche – continuava Alexander – noi ricostruivamo la sua storia, vedevamo con chi aveva avuto rapporti in passato e passavamo l'informazione all'FBI». Candido! È proprio questo il motivo per cui Edward ha ritenuto opportuno squarciare i veli. Evidentemente il concetto di **ragionevole sospetto** può sconfinare nelle decisioni tiranniche e unilaterali.

A Mike Johanns, senatore del Nebraska, infatti non è bastato: «Ma questo consentiva la costruzione di un database in cui c'erano tutti!». «Ma no! – rispondeva Alexander – Ci sono regole che impediscono di consultare quel database se non ci sono sospetti». Ancora: i "sospetti". «E chi certifica che quei sospetti corrispondono a standard tali da giustificare il controllo?».

Alexander su questo non ha mai smesso di essere vago. «Il Fisa Amendament Act autorizza il controllo dei dati solo quando il ragionevole sospetto è basato su specifici fatti che sono associabili a organizzazioni terroristiche internazionali». Augh.

In realtà valgono le due leggi imperiali del Terzo millennio: "Se si può fare, si fa!" e "Chi prende il piatto ha ragione".

Oltre ai dubbi, provocati dal comportamento della NSA, restano in piedi altri dubbi stavolta provocati dal comportamento dei due grandi quotidiani ai quali Edward Snowden ha passato le informazioni. Si trattava di 41 slide realizzate in Power Point che spiegavano come si effettuava il controllo. Stranamente, il *Washington Post* e *The Guardian* ne hanno pubblicate solo 5, nonostante l'accordo con Snowden fosse quello di pubblicare tutto entro 72 ore dalla consegna. Si possono ipotizzare diversi motivi – immaginate gli editori che ricevono una telefonata dalla Casa Bianca – ma non si ha alcuna certezza. Le restanti 36 slide restano in frigorifero. In ossequio all'indeterminazione, ne sapremo di più in seguito.

E infatti è bastato meno di un anno per scoprire che alcune sezioni dei servizi segreti USA registravano le conversazioni telefoniche di 35 leader mondiali, tra cui i primi ministri dei maggiori governi europei e, già che c'erano, anche di Israele.

La signora Angela Merkel, a luglio 2014, dopo aver cercato invano di inghiottire il rospo, ha cacciato da Berlino il capo dell'intelligence USA in Germania.

Ma gli effetti di quanto riportato ovviamente stanno generando altre "code"... Nei giorni in cui stiamo per pubblicare questo libro è arrivata dal cyberspazio una nuova ciliegina digitale da porre sopra la grande torta dei bit & byte. È un ennesimo esempio del groviglio vero/falso e dell'indeterminazione che connota la nuova dimensione.

Il 14 giugno 2015, il primo ministro britannico David Cameron e il suo Ministero degli interni sono stati sfidati dalla stampa a rispondere pubblicamente a un paio di domande imbarazzanti: «È vero che la Russia e la Cina si sono introdotti nella cache che conteneva i file, rimasti segreti, di Edward Snowden? È vero che, pertanto, gli agenti segreti britannici sono stati costretti a ritirarsi da quei territori?». Il tam tam è stato iniziato dal *Sunday Times*, citando anonime soffiate di funzionari di Downing Street, del Ministero degli interni e dei servizi di sicurezza. La BBC ha anche citato una fonte anonima del governo, secondo la quale gli agenti hanno dovuto ritirarsi perché Mosca ha avuto accesso a informazioni classificate che rivelano il modo in cui operano.

Rispondendo al *Sunday Times*, David Davis, il deputato conservatore che è uno dei più importanti attivisti per la privacy, ha detto: «Dobbiamo trattare tutte queste cose con un pizzico di sale» e ha poi aggiunto che l'uso di una fonte anonima, per creare notizie allarmistiche, «è una tattica classica».

Eric King, il vice direttore di Privacy International, facendo eco a Davis, ha detto : «Leggendo il *Sunday Times*, ci si pongono più domande che risposte». E ha aggiunto: «Se Downing Street e il Ministero degli interni credono che la Russia e la Cina abbiano avuto accesso ai documenti di Snowden, allora perché il governo non lo rende pubblico?».

Al momento in cui si rifugiò in Russia, Snowden aveva ripetutamente detto che tutti i file mancanti erano stati consegnati ad alcuni giornalisti di Hong Kong e che quindi lui non aveva più alcun accesso a tali documenti.

La Casa Bianca per il momento non ha commentato la vicenda. I governi russo e cinese affermano di non saperne alcunché e anche il giornalista americano Glenn Greenwald, al quale nel 2013 si rivolse Edward Snowden, ha smentito la notizia secondo cui Mosca e Pechino avrebbero avuto accesso ai documenti top secret.

Anche questa è una dimostrazione di come il digitale modifica la politica. O no?

The digital globish

L'elenco di termini che segue non riesce a dar conto ovviamente dell'intera totalità delle nuove parole che sono state coniate nei mondi dell'informatica, del digitale e dei loro dintorni. Anche questo è un segno imponente di come in pochi anni il linguaggio sia stato costretto ad arricchirsi e a cambiare.

L'Autore ha operato una selezione tra i termini, riportando quelli ritenuti indispensabili alla lettura del libro. Si scusa di eventuali omissis sapendo comunque che basta dare un'occhiata all'interno di un motore di ricerca in Rete per soddisfare ogni ulteriore dubbio e curiosità.

Resistere al cambiamento di linguaggio è assolutamente inutile e anche dannoso. La grande massa di queste nuove parole è nata all'interno della comunità angloamericana e pertanto – come già fu per il latino al tempo dell'impero romano e di santa romana Chiesa poi – quasi tutti i termini sono stati recepiti nel nuovo modo di esprimersi, a ogni latitudine e longitudine. Ciò sta dando vita a una lingua globalizzata fortemente dinamica e in continua evoluzione, che è comunque molto interessante: si chiama *digital globish*, laddove *globish* sta per "inglese globalizzato".

L'Autore, pur sforzandosi, non può fare a meno di usare il *digital globish*, anche perché molto spesso i termini non sono immediatamente traducibili. Quindi rivolge un invito a chi si accosta a questa nuova cultura: «Non opponete troppa resistenza ma piuttosto apprendete e adattatevi all'uso del nuovo linguaggio».

Glossario

account – Indica quell'insieme di funzionalità, strumenti e contenuti attribuiti a un **nome utente** in determinati contesti operativi della Rete. Il termine deriva dal gergo bancario ed evidenzia il paragone tra la facoltà di accesso e uso ai servizi, che ha un utente registrato e identificato presso un sito web, con i servizi al cliente identificato presso una banca.

advertising – Termine generico che identifica la **pubblicità** effettuata sui grandi mezzi di comunicazione.

application – Dicitura abbreviata per indicare un'**applicazione software**, sia ludica che di utilità, per dispositivi smartphone, palmari e più recentemente tablet computer. Il termine ha avuto larga diffusione dopo che il costruttore Apple ha chiamato così i software scaricabili dal proprio sito (non a caso chiamato **App Store**) e installabili sui dispositivi delle famiglie iPhone, iPod Touch e, successivamente, iPad. Da allora, più in generale, sono stati chiamati così anche i software per dispositivi mobili dotati di un proprio sistema operativo (indipendentemente dal fatto che si tratti di Apple IOS, Symbian, Android o altro).

audience – Persone raggiunte in un determinato periodo di tempo da un programma radio/TV o da messaggio pubblicitario in esso inserito. In materia pubblicitaria la sua composizione è molto importante perché determina la fase della pianificazione media (**acquisto di spazi**).

banner, ad banner, web banner – (bandiera, vessillo, striscione) È un elemento pubblicitario utilizzato nel Web. Si può descrivere come l'equivalente di un riquadro con testo, o foto, o grafica. Un banner può essere **statico** oppure

attivo o **interattivo** (quando consente, se cliccato, di raggiungere un'altra pagina Web).

bit, byte – **Bit** è l'acronimo di **binary digit** (**numero binario**), l'unità di misura di minima informazione che un computer può memorizzare ed elaborare. Il computer riceve informazioni solo in forma binaria, cioè in una sequenza di due unità. Precisamente: 0 e 1. Il bit consiste in una di queste due cifre. I bit vengono raggruppati in sequenze di varia lunghezza per codificare informazioni più complesse. Un **byte** è una sequenza di **otto bit, che corrisponde a un singolo carattere di testo.** Esistono due definizioni dei multipli, quella che è fondata su potenze di 2 e quella basata su potenze di 10. Abitualmente si usa la seconda, per cui i multipli del byte sono il KB (kilobyte, corrispondente a 1000 byte) il MB (megabyte, 1000 KB), il GB (gigabyte, corrispondente a 1000 MB) e poi terabyte, petabyte, exabyte ecc.

blog, blogger – Il **blog**, in Internet, identifica un sito simile a un diario personale dove l'autore, detto **blogger**, narra in ordine cronologico avvenimenti, fatti e riporta notizie. "Blog" è un termine nato dalla contrazione di *Web* e *log*, ovvero "Internet" e "diario/traccia". Da semplice diario personale il blog si è trasformato in uno dei principali strumenti e in una delle forme di comunicazione più diffuse in Rete. Ciò lo rende paragonabile a un **giornale online**.

box office – Il **botteghino**, la **cassa** in genere (dei teatri, dei cinema, delle edicole di giornali, dei musei, dei negozi di homevideo ecc.).

branded channel – Sono **canali speciali** da aprire e gestire all'interno della comunità **YouTube**, ma limitati ai membri residenti in USA e Canada. Questi canali sono stati pensati per un'élite di utenti che vogliono ospitare annunci pubblicitari nelle loro clip. Infatti consentono l'uso di una grafica più evoluta e sono controllati direttamente, a seguito di accordi, da una sezione di Google, la **AdWords Support.**

browser (web browser) – Un **browser** è un programma che consente di navigare e interagire con i contenuti che si trovano nel World Wide Web. Tecnicamente è un'applicazione che utilizza il **protocollo HTTP** per inoltrare le richieste dell'utente a un **web server.**

chat – Scambio di messaggi scritti che si svolge in tempo reale tra due o più utenti di Internet. Alla lettera: **chiacchierata,** se riferita a un'ampia gamma di servizi (telefonici e via Internet) in cui il contatto può avvenire anche in forma anonima.

content – (**contenuti**) Le grandi **"famiglie" di content** sono: 1) testo alfanumerico, 2) audio-voce-musica, 3) foto-immagini fisse, 4) immagini in movimento mute o audiovisual, 5) grafica e cartoon in 2D e 3D.

copyright – Un contenuto che risulta protetto e vietato per un uso non autorizzato dall'autore o dal produttore. Usato come sostantivo significa anche **riproduzione vietata.** Il copyright (letteralmente **diritto di copia**) è anche, nel linguaggio comune, l'insieme delle normative sul diritto d'autore in vigore nel mondo anglosassone e statunitense. Col tempo, ha assunto in Italia un significato sempre più prossimo a indicare le **norme sul diritto d'autore vigenti in Italia,** da cui in realtà il copyright differisce sotto vari aspetti.

CPT o CPM – (**Cost-Per-Thousand o Cost-Per-Mille**) È la quantità di denaro che un inserzionista paga per raggiungere con il proprio messaggio mille visualizzazioni/letture. È utilizzato nel marketing come unità di misura/parametro al fine di calcolare il costo di una campagna pubblicitaria o il costo di un singolo messaggio pubblicitario veicolato da un medium. La formula che si applica per calcolare i costi suddetti è:

$$\text{Costo (campagna o spot)}$$
$$=$$
$$\textbf{CPT} \times \textbf{Numero} \text{ (migliaia di lettori o spettatori)}$$

Questa tradizionale formula è stata utilizzata in seguito per tutti i conteggi basati sulla misurazione delle audience, quali il Costo-Per-Azione (CPA), il Costo-Per-Click (CPC) ecc.

CPI – (**Costo-Per-Impression**) È il costo di una singola esposizione-contatto con un banner. Questa sigla si trova spesso nei listini delle agenzie pubblicitarie: è il valore da moltiplicare per il numero di esposizioni totali che un inserzionista intende acquistare.

counter (webcounter, hitcounter, traffic counter) – È un **contatore** che rileva i numeri relativi al traffico e eventualmente alla permanenza temporale sui siti, blog, canali YouTube ecc. In realtà i counter di cui si può dotare un utente di base sono considerati solo indicativi , anche perché facilmente alterabili. I counter considerati autorevoli sono invece quelli controllati dalle grandi società digitali e dai centri media, che su quelli si basano per vendere e comprare inserzioni pubblicitarie.

day trader – Un nuovo tipo di umano che compra e vende, nel corso di una sola giornata, **azioni in borsa**, usando il suo PC o tablet o smartphone.

decoder – Se dispositivo **hardware**, consente la visualizzazione in chiaro di un segnale trasmesso in forma criptata. Se è tipo **software**, è un programma che decodifica il formato di un file e lo trasforma in un altro.

deregulation – (deregolamentazione) Nella teoria economica liberista è quel processo per cui i governi **eliminano le restrizioni**, al fine di incoraggiare le operazioni del mercato, che viene in tal modo considerato come un organismo che si autoregola.

direct emailing – Invio **all'indirizzo di posta elettronica** di materiale informativo, promozionale, pubblicitario o di una proposta di vendita da parte di aziende che producono o distribuiscono beni e servizi. È un aspetto di un'area molto più grande: il **direct marketing**.

display – Monitor, schermo video.

dot-com – Indica quelle **aziende produttive e commerciali** legate strettamente al mondo Internet e del business online. Termine molto in voga (talvolta abusato) viene assegnato alle **start-up della new economy**.

download – **Scaricare**, in informatica indica l'azione di ricevere o prelevare da una rete telematica (ad esempio da un sito web) un file, trasferendolo sul disco rigido del computer o su altra periferica dell'utente. Spesso il download si effettua attraverso tecniche di **compressione** dei file, per ridurre la dimensione dei file da scaricare e, quindi, il tempo di scaricamento. Ne consegue che il file compresso, una volta scaricato, dovrà essere decompresso per essere utilizzato.

e-commerce – (**commercio elettronico**) Cioè la possibilità di acquistare prodotti e servizi online, attraverso la Rete, pagando con carta di credito o al ricevimento della merce. Il commercio elettronico è uno **strumento strategico** che permette alle aziende di ottenere maggiori ricavi, di espandere il proprio mercato e fidelizzare i propri clienti grazie ad alcune promesse non sempre mantenute, quali riduzione dei costi e maggiore efficienza.

e-learning – (**electronic learning**) Ovvero formazione, apprendimento tramite mezzo informatico multimediale.

enhance – (**accrescere, aumentare**) La definizione **web enhanced solutions** si usa in relazione ai miglioramenti apportati in progress sia all'hardware che al software.

fair use – **Uso o utilizzo leale, onesto, equo o corretto**, è una disposizione legislativa dell'ordinamento giuridico degli USA, in base alla quale si stabilisce, a condizione che non se ne tragga profitto, la **liceità della citazione non autorizzata**, o l'incorporazione non autorizzata, di materiale protetto da **copyright**, nell'opera di un autore diverso dal proprietario originale dei diritti. La moltitudine di pratiche *fair use* genera aree di attività che si considerano protette in un **safe harbor** (porto franco, sicuro). Si fa riferimento al *safe harbor* anche per la gestione di dati riguardanti la privacy.

filesharing – (**condivisione di file**) È quel sistema che consente a un utente di condividere i propri file con altri utenti che si trovano sulla **stessa rete** o su **Internet**. È la base di tutti quei programmi che permettono di scaricare file (MP3, video, programmi, immagini) dai computer di altre persone collegate a Internet.

hacker – Secondo Steven Levy l'hacker pratica «l'**esplorazione intellettuale** a ruota libera delle più alte e profonde potenzialità dei sistemi di computer, o la decisione di rendere l'accesso alle informazioni quanto più libera e aperta possibile. Ciò implica la sentita convinzione che nei computer si possa ritrovare la bellezza, che la **forma estetica di un programma perfetto** possa liberare mente e spirito». Il significato letterale del verbo *to hack* è "tagliare, fare a pezzi"; mentre *hack* è lo **scribacchino**. In sintesi, l'hacker **ritaglia e trascrive**. È evidente che la traduzione italiana di **pirata informatico** non solo è peggiorativa ma distorce il significato originale.

hosting – (*to host*, **ospitare**) Consiste nell'allocare su un **web server** le pagine di un sito, rendendolo così accessibile dalla Rete ai suoi utenti.

HTML – Acronimo di **Hyper Text Markup Language** (linguaggio di annotazione ipertestuale). È il linguaggio normalmente utilizzato per la costruzione e la formattazione delle pagine web. Pur essendo orientato alla descrizione di documenti testuali, comprende alcune estensioni per la gestione di elementi multimediali e dei collegamenti ipertestuali (link).

http – Il **protocollo** che sta alla base del World Wide Web. Regola l'interazione tra i web browser e i web server che gestiscono e inviano i documenti multimediali e ipertestuali.

iPad tablet – (vedi **tablet**) Prodotto da **Apple**, in grado di riprodurre contenuti multimediali e di navigare su Internet. Dispone di uno schermo da circa 10 pollici con retroilluminazione a LED e supporto al **multi-touch** (vedi **touchscreen**).

ICANN – (**Internet Corporation for Assigned Names and Numbers**) Società privata americana, non a scopo di lucro, che ha il compito di amministrare e assegnare gli indirizzi IP, i nomi di dominio e altre questioni tecniche relative a Internet.

IANA – (**Internet Assigned Numbers Autority**) È una diretta emanazione dell'ICANN che delega la gestione di **blocchi di indirizzi IP** a enti locali denominati **Regional Internet Registries**. Ogni RIR assegna gli indirizzi per una specifica zona del mondo. I RIR a loro volta formano un ente chiamato **Number Resource Organization**, il cui scopo è rappresentare i diversi interessi nella definizione delle politiche di assegnazione e gestione degli indirizzi.

ISP – (**Internet Service Provider**) È una struttura commerciale o un'organizzazione che offre agli utenti, previa stipulazione di un contratto di fornitura, alcuni servizi quali: l'**accesso a Internet**, la **posta elettronica**, la registrazione e manutenzione del **dominio** e l'**hosting di pagine web**.

ITU – (**International Telecommunication Union**) È un'agenzia dell'**ONU** che, fra le molte missioni, definisce gli standard nel settore delle telecomunicazioni.

jpeg – Acronimo di **Joint Photographs Experts Group**. Si tratta di uno standard per la compressione di immagini a colori complesse. Può visualizzare un elevato numero di colori (fino a 16 milioni), ma non garantisce sempre un'alta definizione dell'immagine.

keywords (tag) – **Parole chiave.** Servono al SEO (Search Engine Optimisation), cioè al sistema di ottimizzazione di un motore di ricerca, per cercare i contenuti all'interno di Internet e posizionarli in modo che siano rintracciabili. Le due definizioni sono talvolta sovrapponibili. In realtà le keywords rappresentano le parole più influenti e rilevanti nel file, mentre i tag sono più usati per descrivere l'ambiente del contenuto. Sia le keywords che i tag vengono anche usati per annunci pubblicitari (vedi **banner**) che se cliccati rimandano a informazioni più dettagliate su merci e servizi. Le keywords possono essere vendute a un costo predefinito o per CPI (cost-per-impression).

live streaming – (anche **media streaming**) È il processo realizzato dalle tecnologie che attraverso una sessione interattiva con un **host server** permettono il trasferimento continuo e progressivo di flussi di informazione digitale, audio e video. In sostanza è la pratica che consente di rendere accessibile, dalla Rete, contenuti **in diretta** o **on demand** (su richiesta). Il significato deriva da *to stream*, "fluire, far fluire". Questa tecnologia, preferita per visionare o ascoltare file molto grossi, è diversa dal **download** dei file. Le tecnologie streaming stanno diventando sempre più popolari, a seguito dell'uso massiccio di YouTube, YouPorn ecc. Affinché lo streaming funzioni bene per l'utente che riceve, occorre che il dispositivo o computer che legge il flusso di dati sia veloce a immagazzinare i dati e inviarli con continuità all'applicazione residente che ha il compito di decomprimerli e convertirli in audio e video.

mainstream – (flusso, corrente, **visione di tendenza** o maggioritaria) Usato come aggettivo, definisce quelle tendenze, nel campo dei media, delle idee, dei comportamenti collettivi, dei consumi, che sono seguiti dalla maggioranza delle persone. In questo senso, ciò che è mainstream si contrappone alle culture minoritarie.

modem – Indica un dispositivo di ricetrasmissione che ha funzionalità logiche di **modulazione/demodulazione** in trasmissioni sia analogiche che digitali. Nell'accezione più comune è un dispositivo elettronico che rende possibile la comunicazione di più sistemi informatici (ad esempio dei computer). Permette che le sequenze di bit vengano ricodificate come segnali elettrici per essere trasportate nelle reti.

movies & fiction – Un particolare genere di intrattenimento offerto dai media elettronici e digitali. *Movies* sta per *moving pictures* (quelli che gli italiani chiamano "film") e *fiction*, ovvero "finzione", indica quei prodotti audiovisivi in cui si narrano fatti non realmente avvenuti.

MP3 – (Moving Picture Expert Group-1/2 Audio Layer 3) È un **algoritmo di compressione audio** in grado di ridurre drasticamente la quantità di dati richiesti per memorizzare un suono, mantenendo comunque una riproduzione fedele.

netizen – (Net citizen) Cittadino della rete. Tutti coloro che frequentano abitualmente e attivamente Internet.

newsgroup – **Gruppi di discussione** che utilizzano una bacheca elettronica dove ognuno può lasciare un messaggio su argomenti definiti e può intervenire replicando alle opinioni altrui o lanciando un nuovo tema. È uno **spazio virtuale** creato su una rete di server interconnessi (storicamente una sottorete di Usenet).

NSA – (National Security Agency) Agenzia per la sicurezza nazionale USA che si occupa anche di **sorveglianza di massa** nella Rete.

offline – Indica lo stato del computer **non connesso** a Internet. È il contrario di **online**.

opensource – (**sorgente aperta**) In informatica indica un software i cui autori (detentori dei diritti) ne permettono, anzi ne favoriscono il libero studio e modifiche da parte di altri programmatori indipendenti. Ciò è regolato mediante l'applicazione di apposite licenze d'uso (no-copyright, copyleft, creative commons ecc.). La collaborazione di più parti (in genere libera e spontanea) permette al prodotto finale di raggiungere una complessità maggiore di quanto potrebbe ottenere un singolo gruppo di lavoro. L'opensource ha tratto grande beneficio da Internet, perché esso permette a programmatori geograficamente distanti di coordinarsi e lavorare allo stesso progetto. I software opensource attualmente più diffusi sono Firefox, OpenOffice, VLC, GIMP, 7-Zip, oltre a un gran numero di progetti rivolti non all'utente finale ma ad altri programmatori. Degne di nota le famiglie di sistemi operativi BSD, GNU e il kernel Linux.

pay resource – **Risorsa a pagamento** che si rinviene e si raccoglie nel **pay market** (mercato a pagamento). La risorsa pay è una delle quattro risorse grazie alle quali si finanziano i vecchi e nuovi media. È il denaro che si raccoglie al **box office** con la vendita diretta di prodotti (libri, giornali, DVD, film al cinema ecc.) oppure online grazie alle pratiche di **e-commerce** con la vendita o la sottoscrizione di prodotti (canali TV, accesso a informazioni privilegiate, application ecc.). Si può distinguere in **pay basic** nel caso di abbonamenti mensili alle **pay tv**, o **pay per view** (**PPV**), **paga per ogni visione**. Quest'ultima consiste nella fruizione prepagata di uno o più programmi televisivi ben determinati (calcio, film, pornografia ecc.). I programmi **pay per view**, se preregistrati, possono essere disponibili anche in **video on demand** (accesso agli archivi su richiesta) o in **near video on demand**.

peer-to-peer (P2P) – Indica un'architettura logica di rete informatica in cui i nodi non sono gerarchizzati unicamente sotto forma di clienti e serventi, ma sotto forma di nodi equivalenti o paritari (in inglese *peer*), in grado cioè di operare sia da cliente che da servente verso gli altri nodi terminali della rete.

pixel – (contrazione di **picture element**) In computer grafica indica ciascuno degli elementi puntiformi (dati cromatici) che compongono un'immagine digitale, ad esempio su un dispositivo di visualizzazione o nella memoria di un computer.

pro-sumer – (**professional** o **producer-user**) Indica coloro i quali caricano contenuti in Rete, grazie anche all'uso di contenuti altrui e comunque godendo di servizi offerti da una comunità o da un ISP. In generale, si riferisce a un utente che, superando il classico ruolo passivo, assume un ruolo più attivo nel processo che coinvolge le fasi di creazione, produzione, distribuzione e consumo. Nel 1972 Marshall McLuhan e Barrington Nevitt suggerirono nel loro libro *Take Today* che con la tecnologia elettrica ogni consumatore sarebbe diventato anche un produttore. Nel libro *The Third Wave*, del 1980, il futurologo Alvin Toffler coniò il termine "pro-sumer".

public company – Una società ad **azionariato diffuso** quotata in borsa. Niente a che vedere con le società pubbliche possedute dallo Stato.

tablet – (**tavoletta**) È un computer portatile che permette all'utente di interfacciarsi con la Rete, oltre che con il mouse, direttamente dallo schermo mediante una penna e, in particolari modelli (**touchscreen**), anche con le dita.

target group – Gruppo più o meno ristretto di individui che si vuole raggiungere con una strategia di **marketing** o, più in particolare, con una campagna pubblicitaria diretta esclusivamente a loro.

touchscreen – (**tocca lo schermo, schermo tattile**) È un particolare dispositivo frutto dell'unione di uno **schermo** e un **digitalizzatore**, che permette all'utente di interagire con un'interfaccia grafica mediante le dita o particolari oggetti.

UGC – Lo **User Generated Content** è un particolare tipo di content che viene prodotto dagli utenti di un medium – invece che dalla proprietà (redazione) del medium stesso – e viene reso fruibile ad altri utenti grazie a pratiche di diffusione prevalentemente gratuite.

UGM – **User Generated Media**, cioè i blog, i social network, le community e simili.

upload – Letteralmente **caricare**, su un server web, file residenti sul proprio computer.

uploader – Chi carica (*to upload*, caricare) o copia su un web server contenuti residenti sul proprio computer.

viewers – Gli spettatori della Rete (*to view*, vedere, guardare), coloro i quali guardano/vedono i contenuti di un determinato sito, blog, messaggio pubblicitario ecc.

viral communication – (**comunicazione virale**) La definizione descrive una pratica che sollecita e incoraggia gli utenti della Rete a **inoltrare** un contenuto ad altri utenti, creando in tal modo un **effetto valanga** o una crescita esponenziale che rafforza la visibilità e l'influenza del messaggio. Come nel caso dei virus, una simile strategia trae enorme vantaggio dalla rapida e incontenibile moltiplicazione che si può realizzare solo nelle reti digitali. Nel caso della comunità **YouTube**, grazie alla comunicazione virale alcune videoclip hanno raggiunto un numero di visualizzazioni dell'ordine delle centinaia di milioni. La hit parade della comunicazione virale vede al primo posto *Gangnam Style*, una videoclip sudcoreana che ha cumulato più di 2 miliardi di visualizzazioni.

web browser – (navigatore) Vedi **browser**.

web community – Una comunità in Rete, virtuale. Ovvero un luogo di incontro online dove le persone si scambiano, condividono e rieditano contenuti; dibattono sui più svariati argomenti, seri o meno seri. Un esempio di community sono YouTube, Facebook, Twitter, Meetic ecc. Nel corso del tempo si è arrivati ad affermare che il messaggio, non è più solo il suo contenuto, o il mezzo grazie al quale si diffonde, ma la comunità stessa.

web server – È un'applicazione software installata in un dispositivo per gestire richieste di trasferimento di pagine web tramite l'utilizzo di IP (protocolli Internet). L'insieme di tutti i web server interconnessi a livello mondiale dà vita al World Wide Web.

wi-fi – Indica una tecnologia e i relativi dispositivi che consentono a terminali di utenza di collegarsi tra loro attraverso una rete locale in modalità **wireless** (WLAN). A sua volta la rete locale così ottenuta può essere allacciata alla rete Internet e usufruire di tutti i servizi di connettività offerti da un ISP.

wireless – (**senza cavi**) Quei tipi di telecomunicazioni nelle quali il segnale viene trasportato mediante **onde elettromagnetiche**.

Indice

www.ingramcontent.com/pod-product-compliance
Lightning Source LLC
LaVergne TN
LVHW040201180726
843489LV00007B/2625